लिपिकार : प्राचीन मिस्र के चौथे राजवंश (लगभग 2500 ई.पू.) के समय निर्मित मूर्ति जो अपनी निर्भीक मुद्रा तथा सत्य की गहराइयों तक पहुँचने वाली दृष्टि के लिए विख्यात है। सक्कारा से प्राप्त, सम्प्रति मैंज़ेल संग्रह, ब्रिटिश म्यूज़ियम, लंदन में।

और अन्य कविताएँ

विष्णु खरे

राधाकृष्ण प्रकाशन

ISBN : 978-81-8361-840-3

और अन्य कविताएँ

पहला संस्करण : 2017
पहली आवृत्ति : 2024

मूल्य : ₹395

प्रकाशक
राधाकृष्ण प्रकाशन प्राइवेट लिमिटेड
जी–17, जगतपुरी, दिल्ली–110 0051

शाखाएँ : अशोक राजपथ, साइंस कॉलेज के सामने, पटना–800 006
पहली मंजिल, दरबारी बिल्डिंग, महात्मा गांधी मार्ग, प्रयागराज–211 001
1, अनमोल सोराबजी संतुक लेन, धोबी तलाव, मरीन लाइंस, मुम्बई–400 002
वेबसाइट : www.radhakrishnaprakashan.com
ई-मेल : info@radhakrishnaprakashan.com

मुद्रक
राजकमल प्रकाशन प्रा. लि.
नई दिल्ली–110 002

AUR ANYA KAVITAYEN
Poems by Vishnu Khare

जन्मशती वर्ष 2017 में
पिता
सुंदर मुरलीधर खरे
और
सृजन–पिता
गजानन माधव मुक्तिबोध की
दुर्द्धर्ष स्मृतियों को

साथ में निरंतर कठिनतर प्रेम–दाम्पत्य की इस द्वन्द्वपूर्ण–अर्धशती वेला में
सौ. सुधा (कुमुद) खरे (शर्मा)
और मातृ उनके बच्चों **गुड्डू (अनन्या)**, **गुड़िया (मीला)** और
शुक्क्ष (अप्रतिम) को

विष्णु खरे

विष्णु खरे की कविताएँ हिंदी भाषा के सामर्थ्य को कई तरह के विषयों में ले जाकर विस्तृत और स्थित करती हैं। उनमें महाभारत से आज के यथार्थ का वृहत् वितान बनता है। वाक्य-विन्यास में यदि शाब्दिक लाघव है, तो शब्दों में भाषायी अर्थ-गहनता। दोनों पर अद्‌भुत पकड़ और चुस्त अंतर्गतियाँ हैं : ठहरी गहराइयाँ हैं तो पाँव उखाड़ देने वाला प्रवाह भी। कविताएँ किसी एक जगह देर तक न ठहरती हैं, न ठहरने देती हैं—तब भी नहीं, जब महाभारत के प्रसंगों को संदर्भ बनाकर लिखी गई कविताओं का संवादी-विवरण एक घटना-विशेष को केंद्र में रखता है—मानो खरे भाषा की एक फील्ड बनाते हैं, जिसमें एक तेज़ खेल लगातार चलता रहता है। वह भाषा को उसके सीमांत तक ले जाकर फैलाते हैं। चाहे वह 'रुदन', 'एकांत' और 'स्मरण' की भाषा हो, चाहे 'अंतिम आदमी' और 'अंधी घाटी' की भाषा। भाषा की चाक्षुष और काल्पनिक क्षमता और बेरोक आवाज़ ही कविताओं को लगभग एक डाक्यूमेंट्री की तरह प्रत्यक्ष कर देती हैं। कहीं यह आभास भी होता है कि कई प्रसंगों में ज़रूरत से ज़्यादा 'सामग्री' (property) खर्च कर दी गई है और उनकी कविता 'सांकेतिकता' की कला न होकर प्रगल्भता (profusion) की कला है।

यह दोष नहीं है। उनकी कुछ कविताओं में यथार्थ की ठसाठस कुछ-कुछ उसी तरह है, जैसे किसी दैनिक अखबार का पहला पेज। लेकिन इसमें भी कविता के मूलार्थ को बचाए रख पाना उनकी कला का परोक्ष आयाम है।

खरे की कविता के दो स्पष्ट ध्रुवांत बनते हैं। एक तो उस प्रकार की कविताएँ हैं, जो मौजूदा यथार्थ की भीड़ में कंधे रगड़ती हुई चलती हैं; दूसरी वे कविताएँ, जो हमें अनुभवों की अधिक अमूर्त शक्तियों का एहसास कराती हैं। दोनों के बीच फ़ासले हैं, किंतु विरोध नहीं—यह आभास उनके काव्य-बोध को एक जटिल संगति देता है और अनुभूतियों के एक ज़्यादा बड़े क्षितिज की पहचान कराता है।

पाठांतर

विष्णु खरे की कविताओं में वाक्य-संरचना का खास महत्त्व है। उनकी कविताएँ वाक्यों के बीहड़ रास्तों की भूल-भुलैया से होती हुई गुज़रती हैं—पूरी तरह आँखें खोले हुए। उनके लिए किनारे के दृश्य भी उतने ही महत्त्वपूर्ण हैं, जितना वह अदृश्य गंतव्य या नतीजा, जहाँ वे पहुँचाती हैं। कविता में वाक्य-रचना की स्थिति और क्राफ़्ट (शिल्प) पर कम विचार हुआ है; उसके अन्य अवयवों, जैसे—शब्द की महत्ता को, उसकी ध्वनियों और अंतर्ध्वनियों में छंद-रहित या मुक्त कविता को एक नया सैद्धांतिक आधार मिला था। लेकिन, जैसा कि हाल के कुछ समीक्षकों ने परिलक्षित किया है, वाल्ट व्हिटमैन या कार्लोस विलियम्स के काव्य-शिल्प में वाक्य-रचना को आधार बनाने से शायद अधिक सार्थक अध्ययनों के रास्ते खुलते हैं।

हिंदी में हमारा ध्यान अनायास मुक्तिबोध और रघुवीर सहाय की ओर जाता है। दोनों ही के काव्य-शिल्प में वाक्य-रचना का अतिरिक्त महत्त्व दिखाई देता है—लेकिन दोनों की काव्यात्मक परिणति में पर्याप्त और बुनियादी अंतर है। रघुवीर सहाय में तत्काल विसंगतियों की तरह वाक्य अथवा वाक्यांश एक-दूसरे में उलझे हुए हैं। मुक्तिबोध में वे घुमावदार और लंबे हैं तथा 'घुटन' से 'खुले' में भी निकलते हुए।

विष्णु खरे की कविताएँ एक ओर जहाँ हमें मौजूदा यथार्थ के दमघोंटू गली-कूचों में ले जाती हैं, वहीं दूसरी ओर उनसे निस्तार की आशा को भी यत्न से बचाए रखती हैं—एक मूल्यवान जिजीविषा की तरह। खासतौर से 'पाठांतर' की पहली कविता 'चोर सिपाही' की ओर ध्यान खींचना चाहूँगा। 'चोर सिपाही' के खेल के रूपक में एक सामाजिक नैतिक ईमानदारी की त्रासदी का यह निरीह-सा अंत एक भयानक विडंबना को छूता है :

अपनी सिपाही वाली नाकामयाब काठ की पिस्तौल सौंपते हुए
याद आया कि अपने मातृहीन घर के काम की जवाबदेही
आज शाम मेरी थी
चूल्हा सुलगना तो दूर
खुले बरामदे में भी अब तक अँधेरा हो चुका होगा
जहाँ बैठा होगा मेरा कुसूर मेरी बाट जोहता हुआ

विष्णु खरे की अनेक कविताओं की तरह इस कविता की 'नाटकीयता' एक तरह के संवादी वाक्य-रचना को आधार बनाती है। वह हमें कल्पना के लिए 'शब्द' नहीं देती, एक-दूसरे में गुँथे हुए वाक्यों से बनी एक ऐसी

'स्थति' देती है, जिसमें—वाक्यों की ही तरह—कई स्थितियाँ, पात्र और घटनाएँ गुँथे हुए हैं। कविता में कथोपकथन-शैली की तत्परता है, कल्पना-उत्प्रेरक शब्दों का संयोजन नहीं।

Narration या वर्णन-विवरण की अनेक विधियों को विष्णु खरे ने अपनी कविताओं में कई तरह से इस्तेमाल किया है—इस बात को सही तरीक़े से लक्षित किया जाना चाहिए। एक अनोखा प्रयोग उनकी मिथकीय और ऐतिहासिक कविताओं में देखा जा सकता है। 'महाभारत' प्रसंग में रिपोर्ताज शैली का इस्तेमाल कविता, मिथक और मौजूदा यथार्थ को एक दुर्लभ त्रिकोणात्मक तनाव देता है। 'महाभारत' के महाकाव्यात्मक तत्त्व को सावधानी से विवरणात्मक वाक्यों—यहाँ तक कि आँकड़ों को भी उसमें शामिल करते हुए—एक आधुनिक रिपोर्ताज और अखबारी किस्म की प्रासंगिकता दी गई है। युद्ध-प्रसंग पृष्ठभूमि में रहता है : उसकी पूरी विभीषिका एक ठंडे मीडियाई विवरण की तटस्थता में व्यंजित होता है, जो हमें अनायास 'खाड़ी-युद्ध', 'इराक-युद्ध' और 'अफगान-युद्ध' की याद दिलाता है।

खरे की कविताओं को गद्य-पद्य के द्वंद्वात्मक तरीक़ों में सरलीकृत न करके इस रचनात्मक कोशिश के रूप में जाँचना-परखना चाहिए कि वे किस हद तक वाक्यों में कविता के पुनर्वास को न केवल संभव, बल्कि प्रभावी बनाती हैं। ऐसा नहीं कि खरे के पास पारंपरिक काव्य-गुणों का अभाव है (उनकी छोटी कविताएँ, जैसे—'एकांत', 'स्मरण', 'डरो' में इसका सफल निषेध है।) लेकिन अपनी अपेक्षाकृत लंबी कविताओं में जब वह यथार्थ को रेखांकित करना चाहते हैं, तो शायद शब्दों की कल्पना-प्रवरता को जान-बूझकर अवरुद्ध करते हैं। यहाँ तक कि वह दारुण यथार्थ के विवरणों से उपजने वाली प्रतिक्रियाओं को भी आत्मदया और भावुकता से मोड़कर गहरे सोच के क्षेत्र में उत्तेजित रखना चाहते हैं।

उनकी कविता 'पाठांतर' का अतिपाठ या ग़लत पाठ का ख़तरा उठाते हुए भी कुछ बातों की ओर ध्यान खींचना चाहूँगा। कविता का अंत इन पंक्तियों से होता है :

...किसी उपयुक्त शब्द के अभाव में
परंपरा स्मृति इतिहास आदि के
विचित्र किंतु अपर्याप्त बल्कि कभी-कभी शायद नितांत भ्रामक
नामों से पुकारा जाता है

इससे पूर्व पंक्तियों का लहजा बिल्कुल रोज़मर्राई बोलचाल की भाषा में है, जिनमें अंतिम पंक्तियों के शब्द 'परंपरा', 'स्मृति', 'इतिहास'

विजातीय से लगते हैं। आज के बड़े-बूढ़े, बुजुर्ग, नौजवान जिसे बिल्कुल व्यावहारिक भाषा में जानना चाहते हैं, मानो उस ज्ञान की शब्दावली की प्रजाति ही लुप्त होने की कगार पर हो। खरे की चिंताओं में यह अंदेशा केवल शाब्दिक या भाषिक नहीं है—वास्तविक है, अपने सबसे दैनिक और व्यावहारिक अर्थों में उस आपसी संप्रेषणीयता का अवमूल्यन, जैसे एक ऐसे पर्यावरण का प्रदूषण, जिसकी रक्षा में ही हमारी स्वरक्षा है। जो बात खरे की कविताएँ अत्यंत दबी ज़बान में कहती हैं, कभी-कभी लगता है वे ही एक लंबे बड़बड़ाते यथार्थ की दम तोड़ती सचाइयाँ हैं। उनकी कविताएँ हमें सुखद सपने नहीं दिखातीं, एक दुःस्वप्न से भी ज़्यादा तीखे यथार्थ से सामना कराती हैं। शायद इन कविताओं का सबसे क़ीमती अनुभव उनका लालित्य नहीं, वह बेचैनी है, जो हमें बुद्धि और मन के कई स्तरों पर उद्वेलित करती है।

(विष्णु खरे की कविता-पुस्तकें 'लालटेन जलाना' और 'पाठांतर' पढ़ते हुए)

कुँवर नारायण जी का यह लेख स्वतंत्र था और यह इस संकलन के लिए नहीं लिखा गया था। वह यहाँ कवि और प्रकाशक द्वारा उनकी अनुमति से लिया गया है जिसके लिए दोनों आभारी हैं।

अनुक्रम

विलोम

कहना मुश्किल है
कि हर वह व्यक्ति
जिसके लिए शोक-सभा की जाती है
उस शोक का हक़दार होता है भी या नहीं
जो शोक उसके लिए मनाया जाता है वह सच्चा होता है या नहीं
और जो उसके लिए शोक मना रहे होते हैं उनमें से कितने वाकई शोकार्त होते हैं
और कितने महज़ राहत महसूस करते हुए दुनियादार

बहरहाल जैसी भी रही हो उस एक ज़िन्दगी को डेढ़-दो घंटों में निपटा देने के बाद
दो मिनट का वह वक़्फ़ा आता है जब मौन रखा जाना होता है

मैंने अक्सर देखा है यह एक सौ बीस सेकंड
हर सिर नीचा किए या शून्य में देखते खड़े हुए शोकार्त पर भारी पड़ते हैं
लगता है तभी उनकी आत्मा का साक्षात्कार होता है दिवंगत और मृत्यु से
अपने भीतर की ख़ला से
तुम नहीं जानते थे कि मौत इतने लोगों को तबाह कर सकती है
वे कनखियों से देखते हैं कलाई या दीवाल घड़ियों को या आसपास खड़े अपने जैसे लोगों को
या मंच पर खड़े खुर्राट पेशेवर शोकार्तों को
कि वे अपने शरीर की किसी भंगिमा से संकेत दें और अन्ततः सभा समाप्त हो

जबकि यह दो मिनट का मौन
उन्होंने मृतक के पूरे जीवन-भर उसके कहे-किए पर रखा होता है
और अब जबकि वह नहीं रहा
तो सुविधापूर्वक बचे-खुचे इनके जीवनपर्यन्त रखा जाएगा

मेरे साथ यह विचित्र है कि
अगर किसी शोक-सभा में जाता भी हूँ
तो मंच पर और मेरे आसपास आसीनों को देखते हुए उन पर
और उनके बीच बैठे खुद पर और दिवंगत आत्मा पर बल्कि सारे ज़माने पर
लगातार खिलखिलाने या कुछ अभद्र कहने की असभ्य इच्छा होती रहती है
जिसे अपने निजी जीवन की चुनिन्दा त्रासदियों को सायास याद करके
ही दबा पाता हूँ

मेरा शोक-प्रस्ताव यह होता कि
बहुत रख चुके
अब हम इस इनसान की स्मृति में एक सेकंड का भी मौन नहीं
बल्कि चुप्पी के सारे विलोम रखें और वह भी महज़ दो मिनट के लिए और
यही नहीं
यानी आवाज़ बात बहस ध्वनि कोलाहल शोरगुल रव गुहार आह्वान
तुमुलनाद बलवा
बग़ावत चारसू

उसी तरह

कुछ ऐसा है
कि मैं अकेली औरतों और अकेले बच्चों को
ज़मीन पर बैठे खाना खाते नहीं देख सकता
पता नहीं क्यों मैं एक अनाम उदासी
और दुख से घिर जाता हूँ
जबकि वे चुपचाप निवाले तोड़ते हुए या कौर बनाते
सारी दुनिया की तरफ़ पीठ किए हुए
एक अनाम दिशा में तकते जाने क्या सोचते अपना पेट भरते हैं
कभी-कभी एक आदिम लम्हे के लिए अचानक अपने आसपास देख लेते हुए
मैं इतना चाहता हूँ कि वे मुझे अपने पास इतनी दूर पर इस तरह बैठने दें
जहाँ से वे मेरे चेहरे पर देख सकें कि मैं अपने मन में उनसे कह रहा हूँ
खाओ खाओ कोई बात नहीं

लेकिन मुझे मालूम है कि ऐसी किसी भी हरकत से
शान्ति से खाने की उनकी एकान्त लय में विघ्न पड़ेगा
और वे आधे पेट ही उठ जाएँगे

इसलिए मैं खुद को इसी भरम से बहलाकर चला आता हूँ
कि जहाँ ऐसी अकेली औरतें ऐसे अकेले बच्चे अपनी उस जून की कठिन रोटी खा रहे होते हैं

वहाँ एक वाजिब दूरी पर जो कुत्ते बैठे हुए हैं किसी खुश उम्मीद में बेहद
हौले अपनी पूँछ हिलाते हुए
उनमें मैं भी शामिल हूँ अपनी वह बात कुछ उसी तरह कह सकने
के लिए

होते-होते

जब मैं अपने उन विशिष्ट परिचितों को
जिन्हें मैं मानता हूँ कि कमीने हैं
अपने उन मित्रों से बात करते देखता हूँ
जो उन्हें उससे पहले नहीं जानते थे
तो बाद में वे मेरे ख़ास वाकिफ़ भले ही यह सुपरिचित दावा करें
कि अब मेरे वे अजीज उन्हें मुझसे बेहतर चाहते मानते हैं
मैं कुछ नहीं कहता

क्या पता मैं उन्हें इसलिए कमीना समझता हूँ
कि उतना पहचानने लायक कमीनापन मुझमें भी बचा है

मैं ऐसा क्यों न मानूँ
कि जब वे अपने उस अस्थायी पूरे भलेपन और सम्मोहन से
मेरे दोस्तों से बोल रहे होते हैं
तो अपने व्यक्तित्व का सर्वश्रेष्ठ उनके सामने रख रहे होते होंगे
और तब क्या उस वक़्फ़े में वाक़ई वे थोड़े-बहुत वैसे नहीं हो जाते होंगे ?

हरेक को पूरा मौक़ा दो
खुद को लम्हाती तौर पर ही सही लेकिन भला ईमानदार मेधावी दिखने
और समझे जाने का
ज़्यादा नहीं तो तभी तक होने दो इस दुनिया को लेश-मात्र बेहतर खूबसूरत
और विश्वसनीय
क्या पता होते-होते वह हमेशा के लिए पूरी वैसी हो जाए

ABANDONED

वे शायद हिन्दी में त्यागे या छोड़े नहीं जा सकते रहे होंगे
उर्दू में उनका तर्क या मत्रूक किया जाना कोई न समझता
इंग्लिश की इबारत का बिना समझे भी रोब पड़ता है
लिहाज़ा उन पर रोमन में लिखवा दिया गया अंग्रेजी शब्द
अबेंडंड

उनमें जो भी सहूलियतें रही होंगी वे निकाल ली गई होती हैं
जो नहीं निकल पातीं मसलन कमोड उन्हें तोड़ दिया जाता है
जिनमें बिजली रही होगी उनके सारे वायरों स्विचों प्लगों होल्डरों मीटरों के
सिर्फ़ चिह्न दिखते हैं
रसोई में दीवार पर धुएँ का एक मिटता निशान बचता है
तमाम लोहा-लंगड़ बटोर लिया गया
सारी खिड़कियाँ उखड़ी हुईं
सारे दरवाज़े ले जाए गए
जैसे किन्हीं कंगाल फ़ौजी लुटेरों की ग़नीमत
कहीं वह खुला गोदाम होगा जहाँ
यह सारा सामान अपनी नीलामी का इन्तज़ार करता होगा
रेल के डिब्बे या बस में बैठे गुज़रते हुए तुम सोचते हो
लेकिन वे लोग कहाँ हैं जो इन सब छोड़े गए ढाँचों में तैनात थे
या इनमें पूरी गिरस्ती बसाकर रहे
कितनी यादें तजनी पड़ी होंगी उन्हें यहाँ
क्या ख़ुद उन्हें भी आख़िर में तज ही दिया गया

जो धीरे-धीरे खिर रही हैं
भले ही उन पर काई जम रही है
और जोड़ों के बीच से छोटी-बड़ी वनस्पतियाँ उग आई हैं
और मुँडेरों के ऊपर अनाम पौधों की कतार
सिर्फ़ वही ईंटें बची हैं
और उनमें से जो रात-बिरात दिन-दहाड़े उखाड़कर ले जाई जा रही हैं
ख़ुशकिस्मत हैं कि वे कुछ नए घरों में तो लगेंगी

पता नहीं कितने लोग फिर भी सर्दी गर्मी बरसात से बचने के लिए
इन तजे हुए हों को चन्द घंटों के लिए अपनाते हों
प्रेमी-युगल इनमें छिपकर मिलते हों
बेघरों-फकीरों-बैरागियों मुसीबतज़दाओं का आसरा बनते हों ये कभी
यहाँ नशा किया जाता हो
जरायमपेशा यहाँ छिपते पड़ाव डालते हों
सँपेरे मदारी नट बाजीगर बहरूपिए कठपुतली वाले रुकते हों यहाँ
लंगूर इनकी छतों पर बैठते हों
कभी कोई चौकन्ना जंगली जानवर अपनी लाल जीभ निकाले हाँफता
सुस्ताता हो

किस मानसिकता का नतीजा हैं ये
कि इन्हें छोड़ दो उजड़ने के लिए
न इनमें पुराने रह पाएँ न नए
इनमें बसना एक जुर्म हो

सारे छोटे-बड़े शहरों में भी मैंने देखे हैं ऐसे खंडहर होते मकान
जिन पर अबेंडंड छोड़ या तज दिए गए भले ही न लिखा हो
लेकिन उनमें एक छोटा जंगल और कई प्राणी रहते हैं
कहते हैं रात को उनमें से आवाज़ें आती हैं कभी-कभी कुछ दिखता है

सिर्फ़ सूने घरों और टूटे या तोड़े गए ढाँचों पर
आसान है छोड़ या तज दिया गया लिखना

क्या कोई लिख सकता है
तज दिए गए
नदियों वनों पर्वतों गाँवों कस्बों शहरों महानगरों
अनाथालयों अस्पतालों पिंजरापोलों अभयारण्यों
दफ्तरों पुलिसथानों अदालतों विधानसभाओं संसद भवन पर
सम्भव हो तो सारे देश पर
सारे मानव–मूल्यों पर

किस किस पर कैसे कब तक लिखोगे
जबकि सब कुछ जो रखने लायक था तर्क किया जा चुका

कभी एक फंतासी में एक अनन्त अन्तरिक्ष यात्रा पर निकल जाता हूँ देखने
कि कहीं पृथ्वियों आकाशगंगाओं नीहारिकाओं पर
या कि पूरे ब्रह्मांड पर भी कौन सी भाषा कौन सी लिपि में किस लेखनी से
कहीं कोई असम्भव रूप से तो नहीं लिख रहा है धीरे–धीरे
परित्यक्त

प्रत्यागमन

वे लौटे

भागीरथी में रात्रि के प्रथम प्रहर
कटि तक खड़े हुए व्यास द्वारा आहूत

वह महातुमुल हुआ
जो सोलह वर्ष पहले दोनों सेनाओं के सम्मुख होने पर उठा था

जहाँ गंगा का दूसरा छोर मिलता था
अब अदृष्ट क्षितिज से
वे प्रकट हुए जल के बीच से आते हुए
किन्तु आर्द्र नहीं हुए
भीष्म द्रोण विराट द्रुपद पाँचों पुत्र द्रौपदी के अभिमन्यु घटोत्कच
कर्ण दुर्योधन शकुनि दु:शासन जरासंधकुमार सहदेव
भगदत्त जरासन्ध भूरिश्रवा शल्य वृषसेन धृष्टद्युम्न शिखंडी
धृष्टकेतु अलायुध बाह्लीक सोमदत्त चेकितान जगत्सेन
पांड्यराज हिडिम्ब सात्यकि के दस पुत्र सुदक्षिण
विंद अनुविन्द समस्त बन्धु-बान्धवों सहित
कौरवों की ग्यारह पांडवों की सात अक्षौहिणियाँ

सभी वैसे ही दीप्त
जैसे वे कुरुक्षेत्र में वीरगति प्राप्त से पहले थे

वही वेश वही ध्वजाएँ वही वाहन
उनकी पलकें नहीं झपकती थीं छायाएँ नहीं पड़ती थीं
नेत्र स्थिर थे उनके
जब वे बोलते थे तो लगता था कि निर्विकार कहीं सुदूर से

भीष्म और द्रोण ने गले लगाया धृतराष्ट्र को
सतत् प्रश्नाकुल युधिष्ठिर फिर पूछना चाहते थे दोनों से कुछ
किन्तु यह अवसर न था

यह वेला थी
जीवितों की दिवंगतों से भेंट की
एकपक्षीय उपालम्भ शोक हर्ष की

पुनः विलाप उठना चाहिए था
किन्तु सब समझ चुके थे उसकी व्यर्थता
जो परस्पर हत्याएँ कर मृत्यु को प्राप्त हुए थे
वे अपनी शत्रुताएँ कभी की भूल चुके थे
कर्ण देखता रहा अपने वधिक भ्राता अर्जुन को
द्रोपदी आई अपने उस एकमात्र ज्येष्ठ के पैर छूने
जो उसका पति नहीं हो पाया था
कुन्ती ने सूर्यपुत्र को इस अर्धरात्रि में अपना बेटा कहा
दु:शासन ने किया परिहास भीम से
देखता हूँ मानव–रक्त पीकर भी तुम्हारी मूँछें नहीं आईं

युयुत्सु सहित सारे पुत्र खड़े हो गए चित्रवत्
धृतराष्ट्र–गांधारी के समक्ष
उन्हें भी इस रात्रि के लिए व्यास ने दे दी थी दिव्यदृष्टि
यह मैं हूँ यह मैं हूँ कहते हुए
उनकी विधवाएँ उन्हें तकती रहीं अपलक
दु:शला अपने सौ भ्राताओं और पति जयद्रथ को देखती रोती रही
युयुत्सु अब भी विलग खड़ा रहा हाथ जोड़े

सभी ने पूछा कृष्ण नहीं हैं
किन्तु वे द्वारका में तत्पर हो रहे थे किसी और दृश्य के लिए
जिसमें मृतक नहीं मृत्यु आएगी
सरिता से नहीं सागर से

अभिमन्यु ठिठका रहा
उत्तरा के केशों में कुछ रजत तार देखता हुआ
साथ में था परीक्षित अब अपने पिता की आयु का
सोलह वर्ष का पिता और सोलह वर्ष का पुत्र
देखते रहे एक-दूसरे को अपने से दुगुनी आयु की भार्या-माँ के साथ
व्यास का वचन था
कि वे केवल कौरव और पांडव वंशों
तथा उनकी विधाओं का समागम करवाएँगे दिवंगतों से
किन्तु उन्होंने कल्पना न की थी
कि यदि मात्र कुरुवंशियों का आह्वान करेंगे
तो पांचाल केकय निषाद विशाल चोल पांड्य
भोज शक म्लेच्छ यवन गान्धारादिक सभी वीर भी उनके साथ चले आएँगे

जब मृतात्माएँ लौटने का विवश संकल्प कर ही लेती हैं
तो वे कोई अवरोध नहीं जानतीं
किन्तु इन अनाहूतों के स्वजन-परिजन विधवाएँ
यहाँ गंगा-तट पर नहीं चतुर्दिक सुदूर थे
अतएव वे इस सीमित माया और लीला के
मात्र कुतूहलमग्न दर्शक रहे
कि उन्होंने किनके लिए युद्ध में वीर-गति का वरण किया था
पर-यथार्थ देखते हुए
उन्हें स्व-कल्पना से कैसे रोका जा सकता था
जबकि यदि वह कुछ था तो अर्ध-यथार्थ ही था
व्यास-लीलाओं व्यास-मायाओं व्यास-विद्याओं का कोई अन्त न था

सोलह वर्ष बीत चुके थे
उन अठारह दिनों के पश्चात्

जो उस समय बाल्यावस्था में थे उन पर अब यौवन था
उन्हें अपने मृतकों की बहुत स्मृति नहीं थी न परायों का ज्ञान
न वे कुतूहलमय थे
उनकी आकांक्षाएँ और स्वप्न अलग थे
इस दृश्यभ्रम से जाना चाहते थे वे

जो प्रकटे थे वे अपनी मृत्यु के क्षण जैसे ही थे
जबकि उनकी पत्नियाँ गतार्तव हो चुकी थीं
कहते हैं अधिकांश ने वैधव्य-धर्म निबाहा
किन्तु कुछ ने विवाह किया कुछ ने प्रणय
कई लाई थीं अपने साथ अपने नए पतियों पुत्र-पुत्रियों पौत्र-पौत्रियों को
अलग-अलग लालसा भय औत्सुक्य अन्यमनस्कता अरुचि सहित

क्या हो चुके थे मृत क्या हो गए थे जीवित
अर्थ बदल गए दिवंगत और सजीव होने के
वह मृत्यु जीवन थी या वह जीवन मृत्यु था
कोई अन्तर था भी मृतक और सप्राण होने में
क्या था वरेण्य यह जीवन या वह मृत्यु
किसी ने कोई प्रश्न नहीं किया किसी ने नहीं दिया उद्‌बोध
जो था समक्ष था
कोई विप्रलम्भ उपालम्भ नहीं थे
मृत पुरुषों और जीवित स्त्रियों के बीच
वह भ्रम था आलिंगन चुम्बन सहवास का
क्या होता है सम्भोग विधवाएँ भूल चुकी थीं
पुरुष जिसे निष्पादित कर रहे थे यंत्रवत्

ब्राह्ममुहूर्त पर टूटना ही था व्यास के इन्द्रजाल को

कोई रुकना नहीं चाहता था इहलोक में
वैसे भी सभी के कलेवरों का हो चुका था कुरुक्षेत्र में दाह–संस्कार
किसी ने भी मुड़कर नहीं देखा
दुर्लक्षित किया दुबारा अन्तिम विलाप को
नहीं रोका उन विधवाओं को जो
उनके पीछे दौड़ती हुई गंगा में अब सती हुईं
उनके लिए यह सब एक औपचारिक कर्मकांड हो चुका था
वे न आए थे न आना चाहते थे
मात्र इस एक रात्रि के आख्यान के लिए
उन्होंने स्वयं को दुबारा रच लेने दिया था
महाभारत–प्रणेता की मर्यादा की रक्षा हेतु
अन्यथा यह कर्म निष्काम था

वे लौटे

तीन पत्ते/पत्ती उर्फ़ फ़्लश या फलास खेलते वक़्त बरती जानेवाली कुछ एहतियात

(कविवर्य नरेश सक्सेना को, जिन्होंने कॉलेज में एक बार अपनी कलाई-घड़ी इस तरह गँवा दी थी, 2012 के द्यूत-पर्व पर)

कमाई के लिए मत खेलो
दूसरे खेलते हों तो खेलने दो

अपनी पूरी पूँजी लेकर मत जाओ
कुछ कमरे पर छोड़ जाओ कुछ ले जाओ
जिस जगह नाल कटती हो
वहाँ मत खेलो
हाँ मगर खेल के आख़िर में
स्टेशन पर बड़ी फजर गरम चाय-समोसे के लिए
कुछ पैसे जमा होते हों तो कोई हर्ज़ नहीं

न तो नशे में जाओ
न खेलते वक्त नशा करो
खेल के फ़ौरन बाद भी नहीं

जहाँ तक मुमकिन हो दोस्तों के साथ खेलो
हालाँकि इस खेल में दोस्तों-रिश्तेदारों का भी कोई भरोसा नहीं
नाबालिगों बालिशों को शामिल न होने दो
प्यारे लफंगों को ज़रूर बुलाओ

अजनबियों के साथ खेलने में कोई हर्ज़ नहीं
दो तीन दौरों के बाद वे समझ में आने लगेंगे
बहुत चुप या बहुत बोलनेवालों से होशियार रहो
वे मित्र हों या अपरिचित

गौर से सुनो क्या कहा जा रहा है
देखो कि कौन सी हरक़तें बार-बार हो रही हैं
बहुत बारीक मिलीभगतें भी चलती हैं इस खेल में
दोस्तियों-अदावतों के नाटक होते हैं

पहले से पूछ लो कि
सादा एक दो तीन बड़ा होता है या इक्का बाश्शा मेम
और कहीं दो तीन पाँच को तो रन नहीं मानते
ट्रेल के बाद क्या होता है
तीन इक्कों पर भी शो करा सकते हैं या नहीं
क्या कभी जोकर भी शामिल होते हैं
जहाँ शक हो पहले पूछ लो पत्ते देखने के बाद नहीं
हर फड़ के अपने कुछ टोटके होते हैं
तीन इक्के के सिवाय
सदा इक्के-बाश्शे और उसके बाद
किसी भी पेयर कलर रन फ्लैश तिरेल
का अपने आप में कोई मतलब नहीं होता
वे दूसरों के पत्तों के मुक़ाबले ही छोटे-बड़े साबित होते हैं

पत्ते फेंक देनेवालों से कहो कि वे बीच में
न तो बताएँ न दिखाएँ
कि उन्होंने क्या पैक किया है
बीच में बार-बार खेल छोड़कर जानेवाले से होशियार रहो

गड्डी को हर कुछ दौरों बाद बदल दो
नई निकलवाओ

वह पिछली से मिलती-जुलती न हो
बीच-बीच में पूरे बावन गिनवाते रहो
पत्ते लगाए तो जाते ही हैं छिपाए बदले और चुराए भी जाते हैं
हर चाल पर हर हाल में
एक लापरवाह चौकस निगाह रखनी पड़ती है

न अपने पत्ते दिखाओ न दूसरों के देखो
तीन इक्कों की मजबूरी के सिवा उधार माँगकर मत खेलो
या तो पत्ते फेंक दो
या शो करा लो
असली लुत्फ़ ब्लाइंड खेलने में है
चाहो तो दो-तीन बार कवर भी करो
लेकिन सामने वाले ने अगर बीच में अपने पत्ते उठा लिए हों
और चाल दे रहा हो
तो एकतरफ़ा ज़िद बेकार है तुम भी देख लो

लेकिन दो की लगातार चालों के बीच तीसरे तुम मत फँसो
ब्लाइंड हों या खुली हों
वह अक्सर एक फन्दा होता है

कोशिश करो कि बोट एक रुपए से ज़्यादा की न हो
तुम गलाकाटू जुआ खेलने नहीं आए हो
खेल को लत मत बनाओ
लालच टुच्चई बदी से बचो
खेलो भी और खेल तथा खिलाड़ियों से
लगाव-भरी दूरी भी बनाए रखो
एक निरभिलाष लीलायोग में
कुछ को तुम्हारा खेल अच्छा लगेगा कुछ को नहीं

औरतों और बच्चों वाली जगह में कभी न खेलो
अपरिचित निठल्ले तमाशबीनों को साथ मत बैठने दो

पहले से नहीं कह दिया हो
कि कितनी देर तक खेलोगे
तो जीतते भी रहो लेकिन उठना ही पड़े
तो साफ़ कह दो कि दस बाज़ियाँ और खेलोगे
जिसे जीतना हो जीत ले
हार चुके हो तो बिना उधार लिए
बचते हों तो दस–बीस जेब में बचाकर निकल जाओ
न जीतते वक़्त पत्तों से जिद करो न हारते वक़्त

उन्हें गिनो कि कहीं चार न आ गए हों
नफ़ासत से पकड़ो
और एहतियात से पूरे देखो
ख़ास कर चिड़ी और कालेपान को और उसकी बेगम को
खेलने के ड्रामाई ढर्रे से बचो
संजीदगी से खेलने का
अपना तरीक़ा खुद ईजाद करो

दो–तीन दफ़े किसी वजह से न जा सको
और किसी दर्दी का फोन आए
भाईसाब कुछ गलती हो गई क्या
या कोई दिक्कत हो तो बताइए
आपके बिना खेल में वो लुत्फ़ नहीं आता

तो चले ही जाओ आख़िरकार
क्या तुम्हें भी अच्छा नहीं लगता
यह पत्तों का पिसना बँटना उठना देखा जाना
ईंट लालपान चिड़ी कालेपान के मुख़्तलिफ़ छापे

इक्का बाश्शा बेगम गुलाम जोकरों के हर बार अलग चेहरे
जैसे किसी आश्चर्यलोक से
उनकी गंध उनकी छुअन
जो उँगलियों के पसीने और कसावट से बासी होती जाती हैं
आसपास चेहरे पढ़ना चालें देखना समझना
वह उम्मीद वह मायूसी वह दोस्ती वह तनातनी वह खुशी या दुख
जो गल्ला बीच में पड़ा है सब उससे कहीं ज़्यादा

(अन्वेषक जगत्पति जोशी और दिवंगत ग्रेगरी लुइस पोसेल को)

हे वर्णमाला हे भाषा हे चित्रो हे प्रतीको
तुम्हारी तीन हज़ार वर्षों की कैसी यह हठधर्मी
कि तुम लज्जित नहीं होओगे अपने अर्थ के उद्‌घाटन से
तुमने बन्दी बना रखा है पूरी सभ्यता को जिस कारागार में
उसकी कुंजी तुम स्वयं हमारे हाथों में हो
किन्तु तुम हँसते हो हम पर कि हम तोड़ नहीं पा रहे तुम्हारा तिलिस्म

नहीं रहे तुम्हारे अनेक असफल व्याख्याकार
कई वृद्ध और सनकी और असहिष्णु हो चुके
कई माने गए विदूषक
तुम्हें स्वयं कैद किया जा चुका है कई किताबों में
वहाँ भी तुम आत्मसमर्पण नहीं करते

किन किन ज़ुबानों और इबारतों से बैठाए गए तुम्हारे रिश्ते
छान डाली गईं सारी सभ्यताएँ
देख डाले गए तमाम देश
यन्त्रों से गुज़ारे गए तुम्हारे सारे प्रस्तार और समुच्चय
किन्तु तुम हमें उसी तरह मूक उपहास में देखते हो
जैसे भाल पर पट्टिका बाँधे नक्षत्रवासी वह तुम्हारा समकालीन धर्म–राज
कदाचित्
या वह गर्वीली नर्तकी

और विस्तृत विश्व के प्रथम और एकमात्र संकेत-पट से गिरे
तुम दस चिह्नों—क्या इंगित करते हो तुम
क्या किन्हीं धवलवीरों के उस प्राचीन नगर या दुर्ग या भवन का नाम
या किसी प्रशासक का मुख्यालय
या तुम प्रवेश-सूचना उस देश में जो मेलुह्हा था या नहीं था—
वह भी तुम्हीं बतला सकते हो हमें—
जिसे पढ़ लेते थे निपुणता से केमेत सुमेर एलम अस्सुर अक्काद हित्ती
कुश पुन्त मगन दिलमुन के जलयात्री व्यापारी
या कोई चेतावनी कि कारीगरों कामगारों का प्रवेश वर्जित है

इतनी ज़िद क्यों
क्यों अपने साधकों अन्वेषकों को यह चुनौती
क्यों चाहते हो तुम कि तुम्हें
किसी पराई भाषा से ही समझा जाए
रेत के ढूहों के नीचे समुद्रों के तल में कहाँ खोजें उसे
कैसा यह अमर्ष यह प्रण यह संकल्प

छोड़ो यह गोपनीयता यह खिझानेवाला सम्मोहक रहस्य
विलम्ब तज दो अब
होने दो काल को निरवधि
मेरे पास अब उतना समय और धैर्य नहीं
अपने को पढ़ लेने दो मुझे
हे लिपि हे उच्चारो हे अर्थो!

सरस्वती वन्दना

तुम अब नहीं रही चमेली चन्द्रमा और हिम जैसी श्वेत
तुम्हारे वस्त्र भी मलिन कर दिए गए
यदि तुम्हारी वीणा के तार तोड़े नहीं गए
तो वह विस्वर हो गई है
जिस कमल पर तुम अब तक आसीत् हो वह कब का विगलित हो चुका
जिस ग्रन्थ को तुम थामे रहती थीं
वह जीर्ण–शीर्ण होकर बिखर गया
तुम्हारा हंस गृध्रों का आखेट हुआ
मयूर ने धारण किया काक का रूप
जिस सरिता के किनारे तुम विराजती थीं वह हुई वैतरणी
सदैव तो क्या कदाचित् भी कोई तुम्हारी स्तुति नहीं करने आता
तुम किसी की भी रक्षा नहीं कर पा रही हो जड़ता से
मुझ मूर्खतम की क्या करोगी

वीणावादिनि वर दे यही
जा कालिका में विलीन हो जा अब
बनने दे उसे उस सबकी देवी
जिसकी तुझे बनने नहीं दिया गया
आओ चंडिके कटे हाथों का अपना प्राचीन कटि–परिधान तज कर
छोड़ आओ अपनी बासी मुंड–माल
फेंक दो खप्पर–सहित रक्तबीज का सजावटी सिर
शारदा के समस्त विश्वासघाती भक्तों–पुरोहितों–यजमानों की प्रवृत्तियाँ

हो चुकी हैं तामसिक और आसुरी
कितना कलुष कितना पाखंड कितना पाप कितना कदाचार
मानव ही रक्त पी रहे हैं मानवों का
कितना करणीय है इधर तुम्हारे लिए कराली
तुममें समाहित सरस्वती तजे अपना रुधिर-पथ्य
तुम्हारी तृषा तुष्ट करने हेतु प्रचुर है यहाँ
क्षुधा का शमन करने के लिए पर्याप्त
टटके कर मुंड महिष शुम्भ-निशुम्भ रक्तबीज हैं
हंस पर नहीं शार्दूल पर आओ भवानी
और रचने दो यहाँ अपना नूतन स्तोत्र
या देवी सर्वभूतेषु विप्लवरूपेषु तिष्ठिता

नई रोशनी

अव्वल चाचा नेहरू आए
नई रोशनी वे ही लाए

इन्दू बिटिया उनके बाद
नई रोशनी जिन्दाबाद

हुए सहायक संजय भाई
नई रोशनी जबरन आई

फिर आए भैया राजीव
डली नई रोशनी की नींव

आगे बढ़ीं सोनिया गांधी
पीछे नई रोशनी की आँधी

सत्ता की वे नहीं लालची
मनमोहन उनके मशालची

राहुल ने तब तजा अनिश्चय
नई रोशनी की गूँजी जय

जब राहुल दुल्हन लाएँगे
नई रोशनियाँ हम पाएँगे

बहन प्रियंका अलग सक्रिय हैं
वड्रा जीजू सबके प्रिय हैं

ये खुद तो हैं नई रोशनी
इनकी भी हैं कई रोशनी

यह जो पूरा खानदान है
राष्ट्रीय रोशनीदान है

एकमात्र इसकी सन्तानें
नई रोशनी लाना जानें

क्या इसमें है अब भी कुछ शक़
नई रोशनी है इसका ही हक़

जब तक सूरज चाँद रहेगा
यह न कभी भी माँद रहेगा

बीच-बीच में नई रोशनी के आए दीगर जादूगर
लेकिन इस अँधियारे को ही वे कर गए दुबारा दूभर

हर दफ़ा इसी कुनबे से गरचे है नई रोशनी सारी
फिर भी बार-बार यह अंधकार क्यों हो जाता है भारी?

उनकी ऐसी नई रोशनी में जीवन जीना पड़ता है
यह क्लेश कलेजे में ज़ंग लगे कीले-सा हर पल गड़ता है

क्या हमीं नहीं मिलकर खींचें अपने हाथों की रेखाएँ
पहचानें नित नई रोशनी सबकी, उसे ख़ुद लेकर आएँ?

आख़िरी

अन्तिम क्षण तक भी
तुम तक आता रहेगा वह
जिसे तुम कहना चाहोगे
जिसे तुम्हें कहना ही चाहिए
फिर भी तुम सोचोगे
अब इसे भी कहकर क्या हो जाएगा
तुम्हारी ज़ुबान कुछ भी कहने से
इनकार कर देगी
सिर्फ़ आँखें एकटक देखेंगी
अगर हुईं तो दूसरी मौजूद आँखों में
जहाँ शायद एक बिल्कुल जुदा समझ होगी
और तुम इस आख़िरी उम्मीद की विडम्बना पर
मुस्कराना चाहोगे लेकिन जाने दोगे
क्योंकि इस वक़्त उसका भी बल्कि सब कुछ का
ग़लत समझा जाना तय है
कभी क़ुछ सही समझा जाता हो तब तो
बस जैसा है जैसा हुआ उसे तस्लीम कर लो
कैफ़ियतों का अब वक़्त कहाँ
कितने मौक़े और चाहोगे या मिलेंगे
जब इनमें ही कुछ ख़ास हो नहीं पाया

आलैन

हमने कितने प्यार से नहलाया था तुझे
कितने अच्छे साफ़ कपड़े पहनाए थे
तेरे घने काले बाल सँवारे थे
तेरे नन्हें पैरों को चूमने के बाद
जूतों के तस्मे मैंने ही कसे थे
गालिब ने सताने के लिए तेरे गालों पर गीला प्यार किया था
जिसे तूने हमेशा की तरह पोंछ दिया था

और अब तू यहाँ आकर इस गीली रेत पर सो गया

दूसरे किनारे की तरफ़ देखते हुए तेरी आँख लग गई होगी
जो बहुत दूर नहीं था
जहाँ कहा गया था तेरे बहुत सारे नए दोस्त तेरा इन्तिज़ार कर रहे हैं
उनका तसव्वुर करते हुए ही तुझे नींद आ गई होगी

क़िश्ती में कितने खुश थे तू और गालिब
अपने बाबा को उसे चलाते देखकर
और अम्मी के डर पर तुम तीनों हँसते थे
तुम जानते थे नाव और दरिया से मुझे कितनी दहशत थी

तू हाथ नीचे डालकर लहरों को थपकी दे रहा था

और अब तू यहाँ आकर इस गीली रेत पर सो गया
तुझे देखकर कोई भी तरद्दुद में पड़ जाएगा कि इतना ख़ूबरू बच्चा

ज़मीं पर पेशानी टिकाए हुए यह कौन से सिजदे में है
अपने लिए हौले-हौले लोरी गाती और तुझे थपकियाँ देती
उन्हीं लहरों को देखते हुए तेरी आँखें मुँदी होंगी
तू अभी भी मुस्कराता-सा दीखता है

हम दोनों तुझे खोजते हुए लौट आए हैं
एक टुक सिरहाने बैठेंगे तेरे
नींद में तू कितना प्यारा लग रहा है
तुझे जगाने का दिल नहीं करता

तू ख्वाब देखता होगा कई दूसरे साहिलों के
तेरे नए-नए दोस्तों के
तेरी फ़ूफ़ी तीमा के

लेकिन तू है कि लौटकर इस गीली रेत पर सो गया
तुझे क्या इतनी याद आई यहाँ की
कि तेरे लिए हमें भी आना पड़ा

चल अब उठ छोड़ इस सर्द रेत के बिछौने को
छोड़ इन लहरों की लोरियों और थपकियों को
नहीं तो शाम को वह तुझे अपनी आग़ोश में ले जाएँगी
मिलें तो मिलने दे फ़ूफ़ी और बाबा को रोते हुए कहीं बहुत दूर
अपन तीनों तो यहीं साथ हैं न
छोड़ दे ख़्वाब नए अजनबी दोस्तों और नामालूम किनारों के
देख गालिब मेरा दायाँ हाथ थामे हुए है तू यह दूसरा थाम
उठ हमें उनींदी हैरत और ख़ुशी से पहचान
हम दोनों को लगाने दे गले से तुझे
आ तेरे जूतों से रेत निकाल दूँ
चाहे तो देख ले एक बार पलटकर इस साहिल उस दूर जाते उफ़क को
जहाँ हम फ़िर नहीं लौटेंगे
चल हमारा इन्तिज़ार कर रहा है अब इसी ख़ाक़ का दामन

उनसे पहले

किसानों मजूरों की आत्महत्या की ख़बरों से
मुझे भी हैरानी होती है
कि जब उन्हें ख़ुदकुशी ही करनी है
तो वे राजस्व अधिकारियों साहूकारों बैंकरों कम्पनी मालिकों मैनेजरों
अखबारों चैनलों के संचालकों पत्रकारों दीगर बुद्धिजीवियों
अध्यापकों रचनाकर्मियों धर्मगुरुओं पुलिसवालों न्यायपालों
नेताओं अपराधियों विधायकों सांसदों मंत्रिमंडलों में से
कम से कम एक असली गुनहगार को मारकर क्यों नहीं मरते

फिर मुझे भान हुआ
और अपनी चमड़ीचोर शर्म में मैं चुप रहा
कि कब गया मैं उनके बीच
किताबों सिद्धान्तों घोषणापत्रों सदस्यताओं का वे क्या करते
कहाँ बताया मैंने और मुझ सरीखों ने उन्हें
कि अभी भी उनमें कितनी ज़िन्दगी और हिम्मत बाक़ी है
किसने कहा उनसे कि कुदाल फावड़ा गेंती हल बक्खर
और अपने शरीर तक को बनाया जा सकता है हथियार—
ऐसा कहा गया होता तो शायद उनकी मौत की नौबत ही न आती—
कहाँ मदद की उनकी हम जैसों ने उनके दुश्मन पहचानने में
कब किया आगाह कि हममें भी उनके बैरी हो सकते हैं
कि श्रद्धा सबर दीनता धरम से आख़िरकार कुछ हासिल नहीं होता

कि जब मौत के सिवा कोई रास्ता ही न रहा
तो चलो किसी अन्यायी को भी साथ लिये चलते हैं

लेकिन हैसियत और क़ूवत क्या थी और है मुझ सरीखों की
खुद अपने ही प्रेत हैं अब पछतावे में मुक्ति खोजते भटकते हुए
हम जैसे तो कभी की आत्महत्या कर चुके

ताईद

जब से कुछ समझने लायक़ हो पाया
मुझे पढ़ाया और सुनाया जा रहा है
कि हिंसा पाप है

मैं इससे सौ फ़ीसद सहमत होता आया हूँ

जो आततायी हैं हत्यारे हैं
जो सैकड़ों हज़ारों बरसों से अपनों और परायों पर
दरिंदगी करते आए हैं
और जो कहते हैं
कि हम जैसे मानवीय सहनशील अमनपसन्द समभावी कहाँ
वे और उनके ईश्वरगण
अपौरुषेय ग्रन्थ ऋषि मसीहा पयम्बर भी
सुखद संयोगवश सहमत हैं कि हिंसा पाप है

इसीलिए हिंसा को महापातक मानते हुए
उनकी हिंसा के ख़िलाफ़ मैं उसी की ताईद करता हूँ
उनकी उस सहमति के बावजूद या उसी वजह से
उनसे भी बख़्शिश माँगते हुए लेकिन मजबूरन उन्हीं के ख़िलाफ़

ख़लल

तुम जो काँच की ऐसी साबुत खिड़की बना लेते हो
जो फिर कभी खुले ही नहीं
उससे टकराकर पक्षी गिरता है
तुम सोचते हो कि वह नहीं जानता
कि उसके पार ख़ला नहीं है

अपनी मानवीयता में तब तुम
उस पारदर्शी दीवार पर किसी भी चिड़िया का
काला छाया-चित्र चिपका देते हो
ताकि ताइर उस तस्वीर से चौकस हो जाए
कि वहाँ पहले से ही उसके हमजिंस हैं
और उसमें न उड़े

तब भी कोई न कोई पखेरू उस सिलुएत से टकराता है
और तुम परिंदों की ज़िद्दी जहालत पर
एक झुँझलाया तरस खाते हो
कुछ चिन्तित कि शीशा कहीं तिड़क न गया हो
उन्हें उनके अंजाम पर छोड़ते हुए

तुम भला कैसे सोच सकते हो
कि कहीं वह उस स्याह अक्स से अपने हमज़ात को
उधर क़ैद समझकर छुड़ाने की कोशिश न करता हो

या यह जानते हुए भी कि वह नक़ली है
एक बिजूके के अलावा कुछ भी नहीं
वह उस पार जाना ही चाहता हो
शीशे की शफ़्फ़ाफ़ रुकावट को लेकर उसके मन में कुछ हो
जिसे तोड़ने के लिए लगातार टकराता हो वह उससे
बिल्लौर चिटके न चिटके ख़ुद वह लहूलुहान हो न हो

सुन्दरता

एक बहुत सुन्दर चिड़िया
न बहुत छोटी न बड़ी
आम की बौराई डाल पर बैठी हुई
जिसे देखते रहने का दिल हो

एक बहुत सुन्दर तितली
न बहुत छोटी न बहुत बड़ी
शाख़ की बौरों पर मँडलाती बैठती उड़ती
जिसे हथेली पर बैठाने का दिल हो

क्या चिड़िया में इतना सम्मोहन था
या अपने गहरे रंगों से
बौरों और डालियों में वह इतनी यकसार हो गई थी
कि तितली उसे देख न सकी
जबकि चिड़िया उसके चटख रंगों
और मँडलाने को शायद एकटक देख रही होगी

चिड़िया और तितली अब ऐसे दीख रहे थे
जैसे परस्पर एक असम्भव चुम्बन में
दोनों परस्पर मुख छोड़ना न चाहते हों
तितली के पंख वस्त्रों की तरह फिसल
नीचे पत्तियों के तल तक तिरते गए

उसका थरथराता शरीर चिड़िया की जीभ से
आत्मसात् हुआ

तृप्ति के बाद चिड़िया संयत हुई
फिर उसने जो गाया वह
उसकी सुन्दरता जैसा ही सुन्दर था
उसमें पराग और मधुर मधु थे उस काल

साँझ हो रही थी
डूबते सूरज को वह कब तक बैठी देखती
उसे लौटना था अपने वृक्ष पर अपने नीड़ को
जहाँ किसे पता कौन-कौन
उसकी प्रतीक्षा कर रहा होगा

लौट पाती यदि शाम को तो वह तितली कहाँ लौटती?
क्या वहाँ उसकी बाट जोही गई होगी?
दूसरी तितलियों का यह सोचने-कहने का ढंग कैसा होता होगा कि
वह नहीं आई अभी तक?

नीचे अपनी बाँबी में ले जाती हुई लाल चींटियों से छुड़ाकर
एक बच्ची ने अलबत्ता सहेजकर रखे अपनी किताब में
दो वह सुन्दर चटख पंख जब तक वह बचे

संकेत

चक्राकार घूमती हुई किन्हीं भी वस्तुओं को गिनना कठिन है
विशेषत: यदि जाती ठंड की शाम हो
और वह वृक्ष के तने के पास
एक चलायमान पहिए की छोटी आकृति में
परिक्रमा करते हुए जुगनू हों

उस आदमी ने कई बार जुगनुओं को देखा था
समूहों में भी
एकाध बार उन्हें एक डिब्बे में छेद कर देर तक बन्द भी रखा था
अँधेरे घर में उनका जगमगाना देखने के लिए
लेकिन यह व्यूह अभूतपूर्व था

फिर एक उनसे अलग हुआ
उस आदमी की बाँह पर उड़ते हुए बैठने के लिए
जैसे उसे खींचता हो
दो बार जगमगाया और यूँ लौटकर मिल गया
कि उसे अलग पहचान पाना पूर्ववत् असम्भव हो गया
अपने वर्तुल मंडल में
जो अब भी लगभग वहीं प्रदक्षिणा कर रहा था
मानो उसके लिए रुका हो

फिर वह उसी तरह उड़ते हुए आगे बढ़ गए

बिना रुके बिना मुड़े
इतने दूर कि उनका दिखना कठिन हो गया
शायद उन्होंने सुन लिया या सुनना नहीं चाहा
जो उस आदमी ने मन ही मन उनसे कहा

हाँ लगता है मैं समझ गया जो तुम कहने आए थे
लेकिन इतने अचानक कि इसी लम्हा मेरी तैयारी नहीं है
बस मैं आ ही रहा हूँ तुम्हारे पीछे पीछे तुम्हारे सहारे
मेरे लिए कोई भी एक जगह रखना
तुम्हारा यह आवर्त मेरे बस का नहीं
लेकिन इतने हों तो एक की ख़ामियाँ छिपा ही लेते हैं
और फिर उसके बाद कहीं रुकना या लौटना तो है नहीं

कल्पनातीत

कल्पनातीत था वह दृश्य मेरे लिए भी

बारिशों के बाद इस मैदान में बची रह जाती है ऊँची घास
मालूम नहीं था कि सुबह-सुबह उसे चरने
बकरियों का कोई रेवड़ भी आता होगा
मुख्यतः तो माँएँ और कुदक्कड़े मारते उनके छौने
लेकिन दो-तीन इस बेवक़्त बुकलाते हुए बदमाश बकरे भी
बकरिहा कोई नहीं

एक कतार में इधर-उधर मुँह मारते हुए
जब यह झुंड कुछ खाई-कुछ रौंदी जा रही
ओस-भीगी घास में घुसा तो
कहाँ छिपा हुआ था पीली तितलियों का वह हुजूम
जो फड़फड़ाकर जैसे जागा
और जहाँ-जहाँ बकरियाँ घास को दाँतों से कुतर रही थीं
और पायों से खूँद रही थीं वहाँ बैठने
कुछ पीकर फिर बकरियों पर मँडलाने लगा
तुमने ग़ौर किया है जब तितली कुछ पीती है
तो उसके पंख कितने हौले से खुलते और बन्द होते रहते हैं

जैसे-जैसे बकरियाँ आगे बढ़ने लगीं
पीली तितलियों का झुंड बढ़ता गया रफ़्तार और तादाद में

कहना मुश्किल था कि दोनों में से कौन ज़्यादा खुश था और खिलंदड़
अलबत्ता यह ज़रूर लगता था कि तितलियाँ अगर बकरियों को उठाकर नहीं
तो चराने बेशक ले जा रही हैं
बहुतेरी तो उनकी पीठ पर बैठ-बैठ जाती थीं
उगते सूरज की लम्बी ललछौंही धूप में
जो घास पर ओस की बूँदों को पारे के इन्द्रधनुषों में बदल रही थी
तितलियों और बकरियों के बदलते रंगों का वर्णन नहीं किया जा सकता
यह मंज़र उस जापानी डायरेक्टर की
किसी अनदेखी फ़िल्म से लिया गया लगता था

सुन्दर से सुन्दर हो कोई भी नज़ारा पायदार नहीं रह पाता
जहाँ तक घास थी बकरियाँ उससे आगे निकल गईं
जिधर उन्हें आम से झरी हुई पत्तियाँ मिलने वाली थीं
तितलियाँ लौट गईं सूरज के ऊपर उठ आने तक
लम्बी घास की अपनी हिफ़ाज़त में
फिर तो उन्हें हर फूल पौधे पेड़ को चखना ही है

पता नहीं कल सुबह मैं उठूँगा और यह रेवड़
यहीं से गुज़रेगा या नहीं
क्या बकरियों के आने के सपने देखती होंगी घास में सोई तितलियाँ
जिस पर कल भी ओस होगी
प्रात: नभ होगा नीला शंख जैसा कि
सूरज को उतना ही ललछौंहा उगने को मिले
क्या आम की डगालों से पत्ते कल भी झरेंगे

अभी तो इतना जानना काफ़ी था
कि जब बकरियाँ घास को खाती-खूँदती आती हैं
तो उसमें छिपी सोई हुई तितलियाँ फड़फड़ाकर जागती हैं
उनके सपनों से
घेर लेती हैं अपनी मुहसिनों को

इतनी हो जाती हैं कि लगता है
छौने छलाँगें नहीं मार रहे
वह उन्हें हौले-हौले खदेड़ रही हैं उठा ले जा रही हैं
जैसे गरुड़ ऐरावत को
कल्पना न थी कि
ऐसा मंज़र कभी देखा भी जा सकता होगा

किन्तु

हाँ शून्यमदः शून्यमिदम् शून्यात् शून्यमुदच्यते
शून्यस्य शून्यमादाय शून्यमेवावशिष्यते
यही संशोधन सत्य हो कदाचित्
किन्तु क्या है तुममें
यह अहेतुक स्नेह यह समवेदन
यह करुणा
अन्याय से लड़ने का इतना हठ
और भी ऐसा बहुत कुछ
जो इस अन्ततः सारे शून्य को पूर्णतः शून्य मानने से
रोकता है तुम्हें

ख़ुशी

वे अलग अलग या एक साथ बाहर चले जाते हैं
माँ और उसकी तीनों सन्तानें चारों
जिनमें से अब कोई बच्चा नहीं रहा
और जो अब दो औरतों और एक आदमी में बदल चुके हैं
वे सामने के कमरे में ज़ोर से कहकर निकलते हैं कि
जा रहे हैं अभी आते हैं
वह इस अभी के मानी बरसों से जानता है
लेकिन अभी वे सड़क पर भी नहीं पहुँचे होंगे
कि वह उनकी बाट जोहना शुरू कर देता है
देर लगने पर आपा खोने लगता है
वे लौटते ही हैं अलग अलग या एक साथ
वह पहचानता है उनके लौटने के तरीक़े और आवाज़ें
जिसमें उसके कुत्ते का भी योगदान रहता है
फिर किस तरह से सूने घर में आवाज़ें गूँजने लगती हैं
दिन में सन्नाटे का टूटना कितना अच्छा रहता है
तब भी उसकी कोठरी में शायद ही कोई उसे देखने आता हो
या यह कहने कि हम आ गए हैं
यह अच्छा ही है
कि उसके चेहरे पर जो ख़ुशी जो सुकून लौट आए हैं
उन्हें उनमें से कोई देख न पाए
वह उस बच्चे की तरह दिखना नहीं चाहता
जिसे पराए घर में छोड़कर गए उसके अपने लौट आए हों

दज्जाल

न यह इस्फ़हान के रस्तक़ाबाद से आया है
न इसका नाम सफ़ी बिन सईद है
इस सदी में मुख़्तलिफ़ मुल्कों में
मुख़्तलिफ़ इस्मों से नाज़िल हो रहे हैं दज्जाल
कबंध की तरह

लोग पहले से ही कर रहे हैं इबादत इबलीस की
उनकी आँखों की शर्म कभी की मर चुकी
बेईमानी मक्र-ओ-फ़रेब उनकी पारसाई और ज़िन्दगानी बन चुके
अपने ईमान गिरवी रखे हुए उन्हें ज़माने हुए
उनकी मजबूरी है कि अल्लाह उन्हें दीखता नहीं
वर्ना वे उस पर भी रिबा और रिश्वत आज़मा लें
मशाइख़ और दानिशवरों की बेहुर्मती का चौतरफ़ा रिवाज़ है
कहीं-न-कहीं क़हत पड़ा हुआ है मुल्क में
क़त्ल और खुदकुशी का चलन है
कौन-सा गुनाह है जो नहीं होता

दज्जाल ठीक यही कहता हुआ आएगा
उस दिन लगेगा कि सूरज पश्चिम से उगा है
क्योंकि वहीं से उभरेगा दज्जाल

इबलीस का ज़ाहिद-ओ-आबिद होगा वह

लेकिन उसकी मुख़ालिफ़त का स्वांग करेगा
कहेगा उसी को नेस्तानाबूद करने उतरा है वह
सारी बदी को ख़त्म करने और नेकी का निज़ाम लौटाने का वादा करेगा
और गुमराह क़ौमें उसके हाथों क़दमों और ज़िल्ल को चूमने लगेंगी
दीवानावार उसकी मोतकिद हो जाएँगी

फिर वह एलान करेगा कि नबूवत भी उसी की है
और ख़ुदाई भी उसी की
परस्तिन्दों को एक में ही
दोनों के दीदार–ओ–इबादत का सुभीता हो जाएगा

लेकिन दज्जाल अपनी असली किमाश को
कब तक पोशीदा रख सकता है
जब वह उसका दहशतनाक़ चेहरा सामने आएगा
और वह वही सब करेगा जिसके ख़िलाफ़ उतरने का
उसने दावा और वादा किया था
बल्कि और भी बेख़ौफ़ उरियानी और दरिन्दगी से
तो अगर तबाही से बचे तो ख़ून के आँसू रोते हुए अवाम
ज़मीन पर गिर कर छटपटाने लगेंगे
किसी इब्ने–मरियम, किसी मेहदी, किसी कल्कि की दुहाई देते हुए

जो आए भी तो तभी आएँगे जब क़ौमें पहले ख़ुद खड़ी नहीं हो जाएँगी
दज्जाल की शनाख़्त कर मुहर्रिफ़ मसीहा के ख़िलाफ़

जा, और हम्मामबादगर्द की ख़बर ला

पहले मिलते हैं तनोमन्द दीवाने नौजवान जो डूब जाते हैं
बेरहम परीज़ादियों की सराबी मुहब्बत में
फिर कहीं आगे उन आदमज़ाद दोशीज़ाओं की नुमाइश होती है
जिन्हें अज़दहे पसन्द कर उठा ले जाते हैं
वहाँ होते हैं जिन्नात जिनके पास
किसी शय की क़िल्लत नहीं होती
उकाब बबर कल्ब रूबा की मिली-जुली शक्लो-सूरत
वह कभी भी अख़्तियार कर लेते हैं
उनकी दुम शिगाल की मानिंद होती है
लगता है उनकी आवाज़ जहन्नुम से आती है

वहाँ रेगिस्तान फ़िलिज़्ज़ के होते हैं
जहाँ पीतल के ख़ारों की फ़स्लें तलुओं को लहूलुहान कर डालती हैं
वहाँ कातान के बादशाह हर मुमकिन कोशिश करते हैं कि कोई
उनके तिलिस्मों तक न पहुँचे
पहुँचे तो उन्हें तोड़कर ज़िन्दा न लौटे

वहाँ दालाने-ग़ुस्ल की गुम्बद चट्टानों में बदल जाती है
इनसान अगर वहाँ डूबता नहीं है
तो खुद को सहरा में पाता है
फिर नमूदार होता है एक ऐवान
जिसके बाग़ के गुलों और मेवों से तसल्ली नहीं होती

जिसके अन्दर होते हैं मर्मर के मुजस्समे
एक कतार में खड़े
पैर से कमर तक पथराए हुए

वहाँ क़फ़स में होता है उड़ता फड़फड़ाता
एक तोता इनसानों की ज़ुबान बोलता हुआ
जिसकी शिक्म में बादशाह क़ैयूमारात ने छिपा रखा है
दुनिया के नायाबतर हीरे को
और जो भी तीन तीरों में उस ख़ुद–रवाँ परिंदे की गर्दन काट नहीं देता
वह पत्थर का होता जाता है

तीसरे तीर से जब तोते का सर धड़ से अलग हुआ
तब घनगरज हुई बिजलियाँ कौंधीं अँधेरा छा गया
सारे मुजस्समे ज़िन्दा हो गए वे सब मुझसे पहले आए थे
मेरे पैरों के पास पड़े हुए थे तीर–कमान
और यह हीरा जो मैं बतौर सुबूत साथ ले आया हूँ
लेकिन जिसे मुझे इसके हक़दारों को लौटाना है

वह तेरी आख़िरी पुर्सिश थी या मुराद
लेकिन उसका यही जवाब ला सका मैं ऐ हुस्नबानू
शुक्र है तेरी धाय को यह सात ही मालूम थीं
अभी न जाने कितने शुब्हो–सवाल मेरा इन्तिज़ार कर रहे हैं यमन में
कितनी जद्दोजहद
अच्छा हुआ तूने मुझे उनकी आदत डाल दी
लौटते हुए मुनीरशामी को बताता जाऊँगा कि अब तू उसकी हुई
परवरदिगार उसकी मुहब्बत और तेरी जौज़ियत को महफ़ूज़ रक्खे
तुम दोनों का कितना शुक्रिया अदा करूँ
जो तुम्हारी वजह से हासिल कर पाया
पसोपेश और मुसीबत के हर लम्हे में
हज़रत ख़्वाज़ा ख़िज्र के मेहरबान मुक़द्दस साये की रहनुमाई को—
उनके पास दोनों जहान के सारे सवालों के हल हैं

फ़ासला

(वर्णित मढ़ा–हुआ फ़ोटो मित्र–पत्रकार कुलदीप कुमार के 'पायनियर' कैबिन में लगा रहता था। यह उसके अज्ञात फ़ोटोग्राफ़र को समर्पित)

थोड़ा झुका हुआ देहाती लगता एक पैदल आदमी
अपने बाएँ कन्धे पर एक झूलती–सी हुई वैसी ही औरत को ढोता हुआ
जो एक हाथ से उसकी गर्दन का सहारा लिये हुए है
जिसके बाएँ पैर पर पंजे से लेकर घुटने तक पलस्तर
दोनों के बदन पर फ़क़त एकदम ज़रूरी कपड़े
अलबत्ता दोनों नंगे पाँव
उनकी दिखती हुई पीठों से अंदाज़ होता है
कि चेहरे भी अधेड़ और सादा रहे होंगे

दिल्ली के किसी चौंधियाते दिन में ली गई स्याह–सुफ़ैद तस्वीर थी वह
शायद 4.5 या सुपर 1200 एमएम टेलीलेंस वाले
किसी कैनन ए ई 1 या निकोर एफ़ 801 से खींची गई—
फ़ोटोग्राफ़र ने खुद को मोहनसिंह प्लेस या खड़कसिंह मार्ग के
एम्पोरिअमों के सामने कहीं स्थित किया होगा

यह मान लेने में कोई हर्ज़ नहीं कि ले जाई जा रही औरत
ढोने वाले आदमी की ब्याहता ही रही होगी
लेकिन दूर–दूर तक दोनों के साथ और कोई (आख़िर क्यों) नहीं

सड़क के बाएँ से उन्हीं की दिशा में जाता हुआ

एक ख़ाली ऑटो वाला कुछ उम्मीद से यह मंज़र देखता है
दाईं ओर के एम्बेसेडर और मारुति के ड्राइवर हैरत और कुतूहल से—
उन दोनों के अलावा सड़क पर और कोई पैदल नहीं है
जिससे धूप और वक़्त का अंदाज़ा होता है

यह लोग जंतर-मंतर नहीं जा रहे
आगे चल कर यह राह विलिंग्डन अस्पताल पहुँचेगी
जहाँ शायद इन्हें पलस्तर कटवाना है
या क्या मालूम पाँव और बिगड़ गया हो
ऐसे लोगों के साथ पचास रोने लगे रहते हैं
एक तो यही दिखता है कि इनके पास कोई सवारी करने तक के पैसे नहीं हैं
या आदमी इस तरह आठ-दस रुपए बचा रहा है
जिसमें दोनों की रज़ामंदी दिखती है
इनकी दुनिया में कहीं भी कैसा भी बोझ उठाने में शर्मिंदगी नहीं होती
यह तो आख़िर घरवाली रही होगी

वह सती शव नहीं थी अपंग थी
यह एकाकी शिव जिसे उठाए हुए अच्छी करने ले जा रहा था
किसी का यज्ञ-विध्वंस करने नहीं

किस तरह की बातें करते हुए यह रास्ता काट रहे थे
या एकदम चुप्पी में क्या-क्या सोचते हुए
शायद किसी पेड़ का सहारा लेकर सुस्ताए हों
क्या रास्ते के इक्का-दुक्का लोगों ने इसे माँगने का एक नया तरीक़ा समझा
फिर भी अगर किसी ने कुछ दिया तो इनने लिया या नहीं
अस्पताल पहुँचे या नहीं
पहुँचे तो वहाँ क्या बीती

शायद उसने कहा हो
कब तक ले जाते रहोगे

यहीं कहीं पटक दो मेरे को और लौट जाओ
उसने जवाब दिया हो
चबर चबर मत कर लटकी रह

खड़कसिंह से विलिंग्डन बहुत दूर नहीं
लेकिन एक आदमी एक औरत को उठाए हुए
कितनी देर में वहाँ पहुँच सकता है
यह कहीं दर्ज़ नहीं है

मुझे अभी तक दिख रहा है
कि वह दोनों अब भी कहीं रास्ते में ही हैं
गाड़ियों में जाते हुए लोग उन्हें देख तो रहे हैं
लेकिन कोई उनसे रुक कर पूछता तक नहीं
बैठाल कर पहुँचाने की बात तो युगों दूर है

झूठे तार

वह क्लास में अक्सर बिना तैयारी के जाता था
इसमें कोई अहंकार न था
अचानक सबक में कुछ
अप्रत्याशित आ जाने की उत्सुकता थी

जूलिअस सीज़र में जब ब्रूटस का किशोर ग़ुलाम लूसिउस
उसे संतूर बजाकर सुला रहा होता है
तो बीच में उसे ही झपकी आ जाती है
और जब उसका मालिक कहता है
कि उठ लूसिउस ख़ामोश क्यों हो गया साज़
तो उसने लैटिन में जो जवाब दिया होगा
शेक्सपिअर अपनी अंग्रेज़ी में कहता है
'द स्ट्रिंग्ज़, माइ लॉर्ड, आर फ़ाल्स'
और हम अपनी ज़ुबान में समझते हैं
'तार बेसुरे हो गए हैं आला हज़रत'

क्लास में जैसे उस पर गाज गिरी
यह है ब्रूटस जो सीज़र के ख़िलाफ़
बग़ावत करने के बाद
लगातार अकेला पड़ता गया है
शिकस्त-दर-शिकस्त का सामना करता हुआ

उसकी सच्ची सरकशी झूठी साबित हुई
और फिर आती है क़ैसर की रूह

तो ऐसा होता था शेक्सपिअर
छः सादा अलफ़ाज़ में ज़िन्दगी का
ख़ुलासा देता हुआ

और अंग्रेज़ी के युवा लेक्चरर को
कुन्दनलाल के स्वर याद आए
बिगड़े काठ से काम बने क्या
न मेघ बजता है न मल्हार
पंचम मध्यम में
खरज निकलता है गंधार में
जीवन बीन मधुर न बाजे
झूठे पड़ गए तार बीन के
झूठे पड़ गए तार

कहाँ से कहाँ का सफ़र था वह
कौन से मानी खुल रहे थे यहाँ

पूरी फर्स्ट इअर क्लास हैरत से तक रही थी उसे
उसकी आँखें उन छः शब्दों पर पथराई हुईं
और उसने हर लड़के और लड़की को जैसे
एक सवाली की तरह देखा
किसे बताए वह इन अलफ़ाज़ के वह मानी
जो उसने उसी वक़्त समझे
और किस तरह

स्टाफ़-रूम में लौटने से पहले
अपने हर विद्यार्थी को

फिर भी समझाया उसने किसी उम्मीद में
लेकिन जो शायद अभी तैयार न थे

सुबह की क्लासों का वह दूसरा पीरियड था
उसके हमज़बाँ शरीक आए न थे सो बैठा रहा वह
गूँगे के गुड़ की छटपटाहट में

तार झूठे पड़ गए हैं
तब से आरज़ू लखनवी नहीं
कोई और भी लगातार कहता है उससे
कभी लगता है वह ख़ुद ही कहता रहा है ख़ुद से

और कुन्दनलाल गाता है
इन तारों को खोलो
इन तरबों को फेंको फेंको
उत्तम तार नई तरबें हों
तब हो नया सिंगार
उन तरबों से जो सुर बोले
गूँज उठे संसार

किस से खुलें तार
कौन फेंके तरबें
कहाँ से आएँ उत्तम तार नई तरबें
कैसा हो नया सिंगार
कैसे हर सुर बोले मद्धम
कब गूँजे संसार

स्थायी पर लौटते हैं
तीनों एक साथ
कुन्दनलाल आरज़ू और शेक्सपिअर

और तुम लूसिउस में
बार बार

सो तो नहीं जाओगे
कब बदलोगे
बदल पाओगे भी
कूच नगारे के बजने
और अपनों-परायों सबसे छुटकारे से पहले
बीन के यह झूठे पड़ गए तार

तत्र तत्र कृतमस्तकांजलि

साँवला औसत से लम्बा मेहनती शरीर
तीखी नाक
गालों और कनपटियों की हड्डियाँ उभरी हुईं
बड़ी आँखें सबको देखते हुए भी न देखती हुईं
बदन पर सादा कस्बाई कपड़े
कभी किसी ने उसे किसी से बात करते देखा–सुना न था

सोनीजी की बहुत छोटी दुकान
सावन–भादों की बरसती रातों को रामकथा–स्थल बन जाती थी
और स्वयं सोनीजी कथावाचक
चटाई पर मुश्किल से चालीस श्रोता ठसाठस बैठ पाते थे
लेकिन मंगलाचरण के दोहे–चौपाई पढ़े जाने से पहले ही
वह अन्दर दीवार के पास सर झुकाए बैठा मिलता था

उसे किसी ने आते देखा था न जाते
इस अर्थ में कि वह अचानक दुकान के दरवाज़े के सामने दिखाई देता था
और जाते समय गली के अँधियारे में मुश्किल से दस क़दम तक

उसे कोई छेड़ता न था और न कुछ पूछता था
पता नहीं कब से लोगों ने उसके आसपास इतनी जगह
छोड़ना शुरू कर दिया था कि उसमें तीन और बैठ सकते थे
लेकिन भले ही भक्त किसी रात बहुत हो जाएँ

कोई उस जगह उसके समीप बैठता न था
वह भी किसी से कहता नहीं था
उसे लोग प्रणाम करते भी थे तो इतनी जल्दी कि पता नहीं चलता था
जैसे भयभीत क्षमा-सी माँगते हुए

उसकी ओर देखने से भी डरती हुईं
मोहल्ले की औरतें पीछे के दरवाज़े से आकर
दूसरी कोठरी में सोनाइन बाई और उनके बेटे के साथ बैठती थीं
जो विकल शरीर विकल मस्तिष्क था
शाहदौले के चूहे की तरह
लेकिन पाठ करते अपने पिता को
चुपचाप देखता-सुनता रहता था कभी-कभी खिलखिलाता हुआ

सोनीजी बरसों से केवल बाँचते थे रामकथा
कभी किसी बहुत अनजान शब्द का अर्थ बतला दिया तो बतला दिया
वर्ना उपदेश और व्याख्या भूल से भी करते न थे
मानस में उसकी ज़रूरत भी क्या है
बीच-बीच में उस श्रोता की दिशा में निमिष-मात्र देख भर लेते थे
जो कभी भी सर उठाता न था

सब मानते थे कि वह हनुमानजी हैं

किन्तु आपस में भी ऐसा कहने और बताने की मनाही थी
क्योंकि सबको मालूम था कि यदि बात कही गई या फैली
और बाहर के लोग दर्शन को उमड़ने लगे
तो हनुमानजी आना बन्द कर देंगे
वह कुम्हारीपुरे की गुप्त किंवदन्ती बन चुके थे
खुद सोनीजी इस प्रश्न पर हाथ जोड़कर चुप रहते थे

कुछ दुस्साहसी भक्तों ने पता लगाने का जोखिम उठाया

कि वे किस दिशा से प्रकट होते हैं और कहाँ अदृश्य
लेकिन सिंगारे मास्साब वाले अँधियारे चौराहे के बाद वह दीखते न थे
कहते हैं कि कोमल इसीलिए पागल हो गया था कि
एक रात उसने कुछ देख लिया था
फिर कथा में उसका आना बन्द करना पड़ा
क्योंकि हनुमानजी को देखते ही वह अचेत होकर गिर पड़ता था

सोनीजी के घर के कुछ पीछे एक पुराना सिन्दूरी बजरंगबली का मन्दिर था
किन्तु हनुमानजी को वहाँ से कभी आते-जाते नहीं देखा
जिससे वह सूना होता गया

इसमें किसी को सन्देह नहीं था
कि वह हनुमानजी ही हैं
किन्तु उन्होंने कभी संकेत नहीं दिया कि
महाबीर बिनवउँ हनुमाना राम जासु रस आप बखाना
सुनकर वह जान गए हैं कि
सोनीजी सहित सारे श्रोताओं को यह पता है

बस वह आते रहे और अपने स्थान पर बैठते रहे
जब उन्हें प्रसाद या पंचामृत देने के प्रयत्न होते भी थे
तब वह अपना माथा और नवाकर केवल हाथ जोड़ लेते थे
उनसे आग्रह करने का साहस किसी में भी नहीं था

प्रति वर्ष सपरिवार अपने ससुराल जाने से पहले
सोनीजी सबका हिसाब कर जाते थे
इसका अर्थ मोहल्लेवालों ने तब जाना
जब एक दिन घर खाली करने से पहले
उनके साले ने आकर रोते हुए बताया कि वह वहीं
परतवाड़ा में अचानक गुज़र गए
और जिज्जी और उनका वह बेटा अब वहीं रहेंगे

लोग बतलाते हैं कि जिस तिथि पर सोनीजी पारायण शुरू करते थे
उस दिन वह सही मुहूर्त पर आए लेकिन ताला देखकर कुछ देर
वैसे ही सर नवाए खड़े रहे और किसी से बिना कुछ पूछे लौट गए

फिर हनुमानजी को किसी ने नहीं देखा

कुम्हारीपुरे के मर्दों औरतों ने
दूसरे मुहल्लों की रामायणों में भी जाकर होशियारी से पूछा
कहीं भी ऐसा देखने-सुनने में नहीं आया था

सोनीजी के घर को महीनों तक सूना जानकर
चोर खपरैल के रास्ते से उसमें घुसे
क्या मिला क्या ले गए किसी को नहीं मालूम
सोनाइन के मायके से कोई आया भी नहीं
थाने कौन जाता

धीरे-धीरे ढह गया सोनीजी का घर
सामने के कमरे की वही एक दीवार किसी तरह बची जिसे
मोहल्ले के सयाने दिखाते थे कि
इसी से टिककर बैठते थे हनुमानजी

जब उनसे पूछा गया कि अब क्यों नहीं आते
तो बुजुर्ग मिल्ला महराज ने डपटकर कहा
अब भी समझ नहीं पाए मूरखो
तुम्हीं जैसों के कारन
कुम्हारीपुरे का नाम छिंदवाड़ा में बदनाम होता है
वह क्या यहाँ यूँ ही आते थे
अरे सोनीजी साच्छात् औतार थे गोसाईं तुलसीदास के
बताओ मैं क्यों चरन छूता था उनके
याद नहीं है सब कंठस्थ था उन्हें

सामने बैठकर सीधे उनके मुख से सुनने आते थे हनुमानजी
अब यहाँ की लीला समाप्त हो गई
लौट गए होंगे दोनों कहीं चित्रकूट में सुनने-सुनाने

तुम्हें

इस देश में जब कुछ लोग
एक आदमी को घेरकर
सरेआम मार रहे होते हैं
उसे गालियाँ देते हुए
तो दूर ख़ुशनसीब खड़े देखते हुए
तुम यह न समझो कि यह सब
सिर्फ़ उस लहूलुहान अकेले आदमी पर
गुज़र रही है

दरअसल वह तुम्हें ही नहीं
बल्कि वहाँ देखते खड़े
हर तुम जैसे अपनी हिफ़ाज़त में डरे हुए तमाशबीन को
खुली-से-खुली गालियाँ दे रहे होते हैं
उनके वह हाथ हथियार लात जूते
तुम जैसे हर चुप आदमी पर भी
चल रहे होते हैं

अलबत्ता जाने से पहले
जो चेतावनी गालियों के साथ
वह सीधे-सीधे देकर जाते हैं
वह बेशक़ तुम्हारे लिए ही होती है
और तुम्हारे साथियों के लिए भी
अगर कोई हुए तो

दम्यत्

1946 में वह मात्र बत्तीस वर्ष के थे
जब उन्होंने बापू को वचन दे दिया कि
वह राजनीति में नहीं जाएँगे
एक आश्रम चलाकर
हरिजनों आदिवासियों औरतों बच्चों के लिए काम करेंगे

वह विनोबा राजेन्द्रप्रसाद लालबहादुर बाबा आमटे की परम्परा में आते थे
लेकिन उनसे भी दूर तक उन्होंने अक्षरशः निभाया अपना प्रण
उच्चतम आदर्शों पर चले
उनका आश्रम एक छोटा स्वर्ग माना गया
उनके निजी और सार्वजनिक जीवन पर किसी ने कोई दाग़ नहीं देखा
घर और बाहर वह देवतास्वरूप स्वीकृत हुए
वह कहीं उद्‌बोधन देने नहीं जाते थे
मिलन और विदा के समय हर व्यक्ति के पैर छूते थे
और इसमें कोई पाखंड नहीं था

लेकिन किसी को मालूम न पड़ा
कि उन्हें कब इतना गम्भीर डाइबिटीज़ हो चुका था
कि 1988 के एक दिन वह गहरे कोमा में चले गए

कुछ दिनों बाद बेहोशी में वह अस्पष्ट बुदबुदाने लगे
जो उनके मुँह के पास कान ले जाने पर भी समझ में नहीं आता था

डॉक्टरों ने कहा कि यह उत्साहवर्द्धक लक्षण है
भाईजी परिवार या बाहर के जिसको भी बहुत चाहते रहे हों
यदि वह उनके सिरहाने बैठकर हौले-हौले उनसे बात करे
तो बहुत फ़र्क़ पड़ सकता है

छोटी बहू और उनके बीच बाप-बेटी जैसे सम्बन्ध थे
बड़ी के साथ भी
वह आई और बोली बाबूजी मैं सावित्री हूँ
आपने पहचाना मुझे ?
डॉक्टर नर्स वार्ड-बॉय ने इन्तज़ार किया और जब सावित्री ने सवाल दुहराया
तो भाईजी का बेहोश शरीर कुछ हिला उनकी बन्द त्योरियों पर बल पड़े
और उन्होंने अपनी स्वाभाविक किन्तु कुछ उत्तेजित आवाज़ में कहा
तेरी माँ की चूत

हक्के-बक्के रह गए नर्सिंग-होम के सब लोग छोटी बहू को काटो तो
खून नहीं
ज़िन्दगी में पहली बार सुने थे उसने ऐसे शब्द
लेकिन हिम्मती थी वह उसने फिर कहा मैं हूँ बाबूजी आपकी सावित्री बिटिया
आँखें तो खोलिए
लेकिन भाईजी के मूर्च्छित मस्तिष्क ने दुहराया
तेरी माँ की चूत

रोती हुई लगभग भागी बहू अपने पति की शरण में
उसे इस तरह सार्वजनिक रूप से अपशब्दों से लज्जित-अपमानित होने
का मलाल नहीं
बल्कि यह अहसास था कि बाबूजी की तबीयत बहुत ख़राब है

भाईजी की बहू-बेटियों बेटे-दामादों नाती-पोतों वाली सादा सती पत्नी आईं
और विलाप करती लौटीं
बेटे-दामाद सब अच्छे सरकारी ओहदों या प्राइवेट कम्पनियों में थे

बहू-बेटियाँ स्कूलों-कॉलेजों का काम करती थीं
सबने बहुत सँभलकर भाईजी के साथ अलग-अलग कोशिशें कीं
लेकिन प्रतिक्रिया एक ही रही
तेरी माँ की चूत

जिसके लिए भाईजी को अब किसी प्रश्न या इसरार की दरकार नहीं थी
वह उसे अब बेहोशी में ज़ोर से अपने-आप हर दस सेकंड में दुहरा रहे थे
उन्हें अब सारे वास्ते देकर समझाया जा रहा था लेकिन
उनका उत्तर न बदलता था न कम होता था न रुकता था

सारा कुसूर डॉक्टरों का माना गया जो अब यह कहते डर रहे थे
कि भाईजी को नींद की गोलियाँ देकर ही कंट्रोल किया जा सकता है
और कोई गारंटी नहीं है कि तब भी उन्हें नींद आ पाएगी या नहीं
या उन्हें अब सिर्फ़ भारी इंजेक्शनों पर ही रखा जा सकता है

भाईजी की इस हालत को नितान्त गोपनीय रख दिया गया
बिलकुल निजी विश्वसनीय समर्पित लोगों को छोड़कर अब किसी को
उनके रूम में नहीं आने दिया जाता था

दो-एक बहुत शाइस्ता औरतों को छोड़कर कोई महिला उनके पास न जाती थी
न जाने दी जाती थी
फ़ीमेल नर्सों में से अधेड़ कुछ दिन गईं भी
फिर युवतियों की तरह उन्होंने भी जाना छोड़ दिया
युवक मेल नर्स कुछ दिनों बाद हँसने मज़ाक़ करने लगते थे
इसलिए सिर्फ़ रिटायरमेंट के नज़दीक वार्डनों की ड्यूटी लगाई गई
अबोध बच्चों से लेकर अविवाहित नौजवानों तक का प्रवेश पूर्णतः वर्जित कर दिया गया
सिर्फ़ डॉक्टर और सफ़ाई कर्मचारी नियमित आते थे
बीच में एक गम्भीर साइकॉलॉजिस्ट अलबत्ता इस अद्वितीय केस को देखने आया था

और उसके हर कोमल सवाल के बदले भाईजी की उत्तरोत्तर ऊँची होती आवाज़ ने
वही कहा था
तेरी माँ की चूत

बाहर निकल उसने डॉक्टरों और घरवालों से कहा
आप लोग पता लगाइए कि इनका किसके साथ ऐसा क्या हुआ था
जिसका इतना गुस्सा अब भी इनके मन में है
शायद उसके ज़िक्र से इनका चित्त स्थिर हो

लेकिन भाईजी अजातशत्रु सन्त थे
और शहर समाज तथा आश्रम में इतने सार्वजनिक थे कि
वैसा कुछ हुआ होता तो उसे लोग अब तक कभी-कभार फुसफुसाकर बतलाते
उन्होंने तो परोक्ष रूप से या संकेत में भी
किसी के लिए 'बुरा' या 'खराब' जैसे शब्दों का इस्तेमाल नहीं किया
बल्कि सच तो यह है कि लोगों को हैरत थी कि भाईजी ने
ऐसी गाली सुनी-समझी कैसे

लेकिन माँसाब बेटे बहू बेटी दामाद मायके समधियाने
आश्रम मित्रों समाज बापू की संस्थाओं
सामाजिक राजनीतिक कार्यकर्ताओं अखबारों के बीच
सन्देह उठते रहे कयास लगते रहे किस्से कहे जाने लगे अफवाहें फैलती रहीं
कि हो-न-हो भाईजी का गुस्सा अमुक अमुक के ख़िलाफ़ ही रहा होगा

एक दूसरे पर शक़ होने लगे और दोषारोपण
भाईजी की कोठी से रात को ऊँची और रोने की आवाज़ें आने लगीं
बच्चों ने वह सुना जो उन्हें नहीं जानना चाहिए था
और तो और खुद कोमा में पड़े भाईजी को बाहर कई अशोभनीय विवादों में घसीटा जाने लगा

कुछ तो उन्हें भी अपशब्द कहने लगे
कुछ ने आपस में अभद्र मज़ाक़ किए कि
हरामी तेरी वजह से ही वह देवता आदमी अस्पताल में है
और वह गाली तेरे लिए ही है

कोमा में पड़े-पड़े भाईजी को पीठ में फोड़े हो गए
जिनसे एक मीठी बू आने लगी
खाता-पीता कुनबा था लेकिन
लाखों का खर्च लाखों का खर्च होता है
दोनों बेटों ने अलग अलग घर ले लिए
बेटियों दामादों ने अस्पताल भी जाना बहुत कम कर दिया
उधर आश्रम में एक मैनेजर रखना पड़ा और पुराने कर्मचारियों का आना भी
बन्द-जैसा हो गया
(जो दो बरस बाद ग़बन और आश्रम की महिलाओं की वजह से पकड़े
जाने पर कहेंगे कि यह सब आपके भाईजी की विरासत है)

फिर एक दिन भाईजी शान्त हो गए
जो अगर कभी इलेक्शन लड़ते तो मिनिस्टर होते
लेकिन शहर में न दुकानें बन्द हुईं न लोग सड़कों पर आए
और रामधुन के साथ निकली उनकी सूनी शवयात्रा में
जो चन्द लोग शामिल हुए वे सब नज़रें चुराए हुए भी एक-दूसरे को
सन्देह से टटोल रहे थे कि किसके चेहरे पर राहत है
फिर जब शवदाह के बाद
श्मशान वैराग्य की बातें शुरू हुईं तो एक ने पूछा कि
यार कुछ मालूम पड़ा वह गाली वाला क्या मामला था
तो कोई दिलजला बोला अरे असलियत तो उन्हीं के साथ गई
लेकिन भाईजी इतना कुछ जान चुके रहे होंगे अपनी ज़िन्दगी में कि
बेहोशी की होशमंदगी में

किसी एक आदमी या औरत को नहीं और सिर्फ़ इनसान को नहीं
क्या पता शायद सारे दुनिया–जहान और उसे गढ़नेवाले को कहते रहे हों
तेरी माँ की चूत

दूरियाँ

वह बहुत सर्दियों की रात थी
और उन दिनों मेरी एक आदत
अपने आठ बैंड के पोर्टेबिल सोवियत ट्रांज़िस्टर रेडियो को
बहुत धीमे चलाकर
उसे लिहाफ़ में साथ लिए सोना थी

कोई सिम्फ़नी थी या कोंचेर्तो
कम्पोज़र ऑर्केस्ट्रा और कंडक्टर कौन थे
बयालीस बरस बाद कहाँ याद रहता है
लेकिन शॉर्ट वेव पर हमेशा की तरह
संगीत कभी बहुत दूर जाकर जैसे उड़ ही जाता था
कभी लौटकर एकदम स्पष्ट

दुहरी बन्द खिड़की से भी जिस तरह की
खुसफुसाहट सुनाई दे रही थी
उससे साफ़ था कि बाहर बर्फ गिर रही है

नींद नहीं आ रही थी मुझे
मैं उस देश उस शहर उस कमरे से बहुत दूर था
जहाँ सत्तावन सौ किलोमीटर परे सूरज उग चुका था
और मेरे लिए उदास दो प्राणी थे

मैंने उसे देखा
सुन्दर औरतों की तरह सोते हुए
वह और भी खूबसूरत दिख रही थी

हज़ारों मील दूर से आता संगीत
ढाई बजे रात को गिरती बर्फ़
कहीं होती सुबह
मेरे क़रीब सोई हुई वह

आप सोती हुई औरत को यूँ ही नहीं देख सकते
रिवायत है कि उसे चूमना ही पड़ता है
सो उसके कान पर होंठ रखे मैंने

वह कुनमुनाई
अधमुँदी आँखों से मेरी तरफ़ मुस्कुराकर
फिर सो गई

और बारह सौ मील दूर से आता उभरता डूबता संगीत
ढाई बजे रात को फुसफुसाती गिरती बर्फ़
कहीं और पैंतीस सौ पचहत्तर मील दूर होती सुबह
जहाँ शायद मुझे याद करते दो प्राणी
मुस्कुराकर फिर सो चुकी वह
इन सबके साथ जागता रहा मैं

बढ़ती ऊँचाई

ख़ुश और गर्वित हैं नागरिक
पिछले वर्षों में लगातार
रावण के पुतले की ऊँचाई बढ़ती गई है
अब वह करीब दो किलोमीटर
वृत्त में दीखता है
बल्कि पश्चिमी नाके से तो तीन किलोमीटर तक

जो कारीगर
बाँस व काग़ज़ के पुट्ठे के
उसके ढाँचे को खड़ा करते हैं बताते हैं
कि बसें ट्रक कारें दुपहिये
और इनसान इतने ऊपर से रेंगते हुए लगते हैं
राम लक्ष्मण भी जो आते हैं
जींस या पठानी सूट पहने गर्वीले उसका मुआइना करने
कि अभी कल इसे मारना है
रावण के सिरों की ऊँचाई से
अव्वल तो पहचाने नहीं जाते
दूसरे बौनों जैसे लगते हैं

यह तय है कि अगले बरस
रावण और ऊँचा हो जाएगा
वह अकेला शिखर पर खड़ा पूरी बस्ती पर

महाकाय नज़र डालता है अपने दसों चेहरों बीसों आँखों से
उसे मालूम है लाखों की भीड़
उसे ही देखने उमड़ती है
लिपस्टिक पाउडर का मेक-अप किए
सस्ती औरतों या नपुंसकों जैसे लगते
राम-लक्ष्मण के लिए नहीं जो
दशहरा मैदान में सांसद विधायक मेयर
कलक्टर एसपी के बीच पहचाने भी नहीं जाते
रावण का अग्नि-वध करने वाला बाण
अक्सर फोटो खिंचाने के बहाने
इन्हीं में से किसी से चलवा दिया जाता है

रावण को जलने की कोई चिन्ता या लज्जा नहीं
उसे मालूम है लोगों में सिर्फ़ उसके दहन से पहले पहुँचने की
होड़ रहती है
किसी को याद नहीं रहता किसी भी दशहरे के राम का चेहरा
लक्ष्मण की तो और भी अवहेलना होती है
लेकिन सब तुलना करते हैं
पिछले साल के रावण की इस नए वाले से
और खुश होते हैं कि यह उससे बेहतर है

दस आननों और बीस चक्षुओं से देखता है वह
लपटों में गिरते हुए
हर नगरी उसे अपनी सोने की लंका जैसी लगती है

वह साल भर बनता रहता है
अगले वर्ष फिर जीवित खड़ा हो जाता है
एक बार फिर देखता है और भी दूर तक और नीचे
अपने भक्तों सेनाओं या कीट-पतंग जैसे
चपटे मानवों को

वह जानता है उसे आज फिर
अपना मूक अभिनय करना है
पाप पर पुण्य की विजय का
फिर और यथार्थता से जल जाना है
अगले वर्ष फिर अधिक उत्तुंग भव्यतर बनकर
लौटने से पहले

जब उसके एक एक अंग और मुख गिरते हैं
उतनी ऊँचाई से धधकते हुए कुछ अधिक समीप
तब इस वर्ष के दोनों दशरथपुत्र अपने धनुषों वानरसेनाओं सहित
कुछ शीघ्रता से शरण लेते हैं सुरक्षा में जहाँ पहले से ही तत्काल
घेरेबन्दी में ले आया गया था कुछ सहमे कुछ आतंकित कुछ कुपित
सांसद विधायक मेयर कलक्टर एसपी गणमान्य नागरिकों को भी
आरती के थाल लिये उनकी घबराई पत्नियों और भीरु पुरोहितों सहित—
मुक्ति के उपरान्त सीताजी को तैयार करके बाद में लाया जाता

बरअक्स

एक आईना है
जिसके सामने खड़ा हूँ

न आईने पर भरोसा करना चाहिए
न अपनी आँखों पर
पर दोनों जैसे हैं वैसे हैं
वही दिखाते देखते हैं जो
वह देख दिखा सकते हैं

शुरू में मैं उसी तरह दीखता हूँ
जैसा कि हूँगा

फिर कपड़े नहीं रहते
उम्र बढ़ती है
बाल दाँत गिरते हैं
ढीली पड़ जाती हैं कभी सख़्त रहने वाली माँसपेशियाँ
बदन झुर्रियों सफ़ेद रोमों से ढँक जाता है

आईने अतीत में जाकर
युवतर नहीं बनाते
वह हमेशा भविष्य की ओर बढ़ते हैं

फिर अक्स में
कभी पूरी त्वचा उधड़ जाती है
लहू टपकना बन्द हो जाता है
मांस अपना रंग खो देता है
नहीं रहता
सिर्फ़ एक कंकाल नज़र आता है

मेरे पुराने बहुत से रूप दिखने लगते हैं
कभी भयावह कभी कोमल
मेरे बहुत सारे व्यक्तित्वों के अक्स होते हैं वह
जिन्हें मेरी त्वचा मेरी देह सामने नहीं आने देते थे
मेरा अन्दरूनी बहरूपिया

देखता–दिखाता जाऊँगा यह
जाती–आती दर्पण की पट्टियाँ
आत्म–प्रस्तुतियाँ ख़ुद को

कभी तो समाप्त होगा यह आत्मावलोकन स्व–प्रदर्शन

बहुत हुआ

इतना विश्वास इतना अहंकार इतनी लिप्सा नहीं मुझमें शायद
कि कह सकूँ आत्मा अमर-अजर होती है पुनर्जन्म होता है
और मैं लौटूँगा

जिन्हें जीवन पर्याप्त नहीं लगा या मिला
वह करें ऐसी उम्मीद
या उनके लिए वैसी कामना की जाए
यह तो फिर भी समझ में आता है
लेकिन अकालमृत्यु की शिकायत
कम-से-कम मुझे तो नहीं

नहीं मेरी आस्था किसी स्वर्ग में
किसी परमपद में
किसी ब्रह्म में लीन होने में भी नहीं

हद से हद मैं ब्रह्मांड के उस बिन्दु पर रहना चाहूँगा
जहाँ से कुछ देर तक किसी चक्षु से सब कुछ देखा जा सकता हो
वहाँ भी मुझे अजर-अमर आत्मा नहीं चाहिए और
निर्वाण या मोक्ष तो नितान्त नहीं

मुझे मालूम है
कि सिर्फ़ एक आदमी के किए बहुत कम हो पाता है

और मैंने उससे भी कम किया
चाहा तो कितना था कि बहुत कुछ करके जाऊँ
नहीं कर पाया तो उसके कई कारण थे
जिनमें सबसे बड़ा मैं ही था

जो नहीं हो सका
उसे भी शुरू या पूरा करने के लिए
मैं नहीं लौटना चाहता
एक ज़िन्दगी-भर का मौक़ा मिला था मुझे
जितने में कई लोगों ने
मुझ-जैसों और अधिकांश दूसरों से कहीं ज़्यादा अंजाम दिया
क्या ज़मानत है कि फिर आने भी दिया गया
तो पहले से ज़्यादा और बेहतर करूँगा
पूरी आशंका है कि कमतर और बदतर ही हो पाएगा
फिर बँधी मुट्ठी खोलने से भला क्या हासिल

एक सीमा होती है
खुद को उपयोगी और कारगर समझने की
अपने को लेकर मेरे भरम और मोह पहले ही कम थे
और अब तो वह भी कभी के टूट चुके
कहाँ और कैसे जाऊँ अब कौन-सा किरदार निबाहने
क्यों छीनूँ किन्हीं औरों का हक़ बेहतर करने बनाने का
कहीं उनका बोझ उनकी बाधा ही बनकर न रह जाऊँ

मुआफ़ीनामा

अपना सेकंड-हैंड लैम्ब्रेटा पार्लियामेंट्री थाने के सामने ही खड़ा किया था
अन्दर अहाते में सूखे-से लॉन पर चारों पहले से बैठे हुए थे—
मुलाक़ात के दिन दो घंटे के लिए जेल से बाहर लाया गया क़ैदी
उसकी बीवी और उनके दोनों बच्चे

दूर कुछ पुलिसवाले थे वर्दी में और मुफ़्ती में
शायद मुलाक़ातियों पर आजिज़ नज़र रखे हुए

गिरधर के ज़िद्दी चेहरे पर एक तंज़िया उदास मुस्कराहट थी
किरन की बड़ी आँखों में अपने पति को देखते हुए डर था
और सहमे हुए विशाख मंजरी माँ-बाप को तकते हुए

मुझे मालूम था कि इस बातचीत से कुछ हासिल नहीं होगा
फिर भी औपचारिक फ़र्ज़ था कि बतलाता
भाई संजय गाँधी कहता है कि आपका दोस्त माफ़ी माँग ले तो छूट जाएगा

छोड़िए आप किन चक्करों में पड़े हैं
कहा गिरधर ने और अपने तरीक़े से मुस्कराता चुप हो गया
फिर वह मुस्कान भी चली गई

मुझे मालूम था
फिर भी इधर-उधर की बातों के बाद

जानते हुए भी कि कोई जवाब नहीं मिलेगा
आख़िर में यह पूछकर कि तो फिर तय है एँ
मैं उठा

बाहर आया तो थोड़ा दौड़ाकर चालू करना पड़ा स्कूटर
जिसे बेचे हुए आज इकत्तीस बरस हो गए
और पार्लियामेंट्री थाने समेत सब कुछ कई-कई बार बदल गया
आज यहाँ से सीधे संसद-सदन नहीं जा सकते
दिल्ली भी छूट गई
उस मंज़र के साथ कि
गिरधर लॉन पर बैठा हुआ है किरन उसकी तरफ़ आशंका से देखती हुई
विशाख और मंजरी के चेहरे कुम्हलाए हुए
उन पर तीसरे पहर की ज़र्द चमकती हुई सर्दी की धूप
मेरी पीठ की तरफ़ सूरज डूबता हुआ।

लुकाछिपी

इस वक़्त जबकि लगातार
एक रिमझिम से ज़्यादा
लेकिन बौछार से कम बारिश हो रही है
तो यह न समझना
कि पक्षी तितलियाँ पतिंगे
गायें बकरियाँ कुत्ते
जो उससे दोस्ताना बचाव किए
कहीं छिपे खड़े या बैठे हुए हैं
परेशानी में हैं
तुम देख सकते तो देखते
उनकी आँखों में कितनी गहरी खुशी है
और अगर वह झपकी ले भी रहे हैं
तो कितने सुकून और हरारत में हैं
उन्हें मालूम है कि यह हर बरस की
पहचानी लुकाछिपी है
बादल आख़िर कितने दिनों एक ही जगह
एक ही तरह बरस सकते हैं
देखना यह बारिश अभी बन्द हो जाएगी
इन्हें उसके आसार मालूम हैं
सबसे पहले कुत्ते गायब होते हैं
गाय अपने भटके हुए बछड़े के लिए रँभाने लगती है
अचानक पंछी उड़ना चहकना शुरू कर देंगे

तितलियाँ मँडलाएँगी
और तो और सूरज भी निकल आएगा
सामने हल्का-सा इन्द्रधनुष बनाता हुआ कि बारिश गई
अपनी और धरती की बेटी
उमस को साथ लाता हुआ

संकेत

तुभ्यमेव भगवन्तं वेदव्यासं

दिवस और रात्रि में कोई अन्तर नहीं कर पाता मैं   दोनों समय ऐसे दीखते हैं जैसे सूर्य चन्द्र नक्षत्रों से ज्वालाएँ उठती हों

दोनों संधिवेलाओं में देखता हूँ दिवाकर को घेरे हुए एक शव जिसके सर भुजा जंघाएँ नहीं हैं   धधकती हैं दोनों संध्याओं की दिशाएँ

अन्तरिक्ष में टकराते हैं धूमकेतु उल्काएँ ग्रह उपग्रह तारागण   क्या गरजता है यह मेघों के बिना   कौन-सी विद्युत कौंधती है   रात में बरसते हैं रक्त मांस मज्जा

नदियों के जल में लहू पीब भ्रूण बहते दीखते हैं   वे अपने उद्गमों को लौटने लगती हैं   कूपों तालाबों नालों से विषैले झाग उठते हैं

पर्वतों से कौन-सा भयानक नाद उठता है यह   उनके शिखर और शिलाएँ रेत जैसे ध्वस्त होते हैं

सागर उफनते हैं भूकम्प से अपने तट तोड़कर   दुर्गन्ध उठती है अग्नि से

कभी आकाश में सात सूर्य एक साथ उदित होते हैं   राहु और केतु मुंड और कबंध की तरह कभी जुड़ते कभी अलग दीखते हैं   लोप हो चुका है चन्द्र का   कृष्ण और शुक्ल पक्ष कब आवर्तित होते हैं ज्ञात नहीं हो पाता

नष्ट हो गई हैं मेरी इन्द्रियों की क्षमताएँ   अपनी चेतना खो चुका हूँ मैं

वर्णगंधहीन पुष्पों कृत्रिम फलों से लद गई हैं वन्ध्या शाखाएँ जिन पर कुछ नहीं मँडराता जिन्हें कोई नहीं खाता   हरित वृक्षों को कोई काट डालता है   वे ठूँठ हो जाते हैं जलने लगते हैं

कभी भी चलने लगते हैं डरावने बवंडर   उनसे बालुका नहीं पिसी हुई अस्थियों का चूर्ण बरसता है   मध्याह्न में अमावस्या की अर्धरात्रि का अन्धकार छा जाता है

लुप्त सरिताएँ ज्येष्ठ और वैशाख में नगरों को डुबो देती हैं   मरुस्थल में हिमपात होता है सरीसृपों को मारता हुआ

एक गरुड़ दीखता है जिसके माथे पर शिखा और सींग हैं उसके तीन पंजे हैं और चोंच के स्थान पर चार दाढ़ें हैं

ठूँठों पर बैठे गिद्ध श्येन और चील शवों की घात में नीचे देखते हैं   कोकिलों शुकों मयूरों चातकों के कंठ से लपटें और चीत्कार निकलते हैं   वे ध्वजों पर बैठकर उन्हें नोच डालते हैं

रात में एक पक्षी मँडराता है जिसके एक आँख एक डैना एक पंजा है और जब वह क्रुद्ध होकर बोलता है तो ऐसे कि कोई रक्त वमन करता हो

गिद्ध घरों में घुस आते हैं और जीवित मनुष्यों का मांस नोचते हैं आतंकित जो आर्तनाद तक नहीं कर पाते

आकाश कभी भी टिड्डियों से आच्छादित हो जाता है जो प्रत्येक जीवित वनस्पति और प्राणी को कुतर डालती हैं

गर्दभों को जनती हैं गायें हाथियों को खच्चरियाँ श्वानों को शूकरियाँ

दो मस्तक चार नेत्र तीन सींग अनेक दाढ़ों पाँच पैर दो मूत्रेन्द्रिय दो पूँछ वाले अकल्पनीय पशु जन्म लेते हैं और भयावह अश्रव्य वाणी में बोलते हैं

चूहे छछूँदर गोधिकाएँ चींटे तिलचट्टे सोते हुए स्त्री पुरुषों शिशुओं के नख उँगलियाँ केश कुतरकर खाते हैं और उन्हें भान तक नहीं होता

सियार लोमड़ियाँ और लकड़बग्घे भरी दोपहर झुंडों में निकलते हैं और कुत्तों बिल्लियों बछड़ों का आखेट करते हैं

बँधे हुए पशु अचानक चौंकने बिदकने लगते हैं पसीना पसीना हो जाते हैं उनकी आँखों से आँसू मूत्रेन्द्रिय से रक्त बहता है

अट्टालिकाओं पूजास्थलियों वाहनों के ध्वज काँपते हैं जलने लगते हैं मानवहीन रथ चलने लगते हैं शस्त्रों से लपटें उठती हैं

पाकशालाओं के भोजन में कीड़े बिलबिलाते दिखाई देते हैं

जिन्हें इस पृथ्वी पर कभी सुना नहीं गया ऐसे भीषण प्राणियों को जन्म देती हैं कन्याएँ जिनमें से कुछ एक साथ चार-चार पाँच-पाँच सन्तान उत्पन्न करती हैं जो जनमते ही नाचती गाती हँसती हैं

सारी मर्यादाएँ तोड़कर समस्त नर-नारी पशुओं जैसे मैथुन करते हैं हर असम्भव पापाचार होता है

संग्राम से पलायन करते हैं सहसा नपुंसक हो गए नवयुवक धूर्तों दस्युओं वेश्यालयों के स्वामियों का क्रीतदास बनने जिनके समक्ष ललनाएँ स्वेच्छा से निःशुल्क निर्वसन होती हैं

किस निद्रा किस मूर्च्छा में चल रहा हूँ मैं कब पिया मैंने नखों केशों

अपवित्र वस्त्रों से दूषित जल उससे स्नान किया   किसी रजस्वला किसी अगम्या से सहवास बलात्कार का अपराधी नहीं मैं   असहायों निष्पापों की हत्या नहीं हुई मुझसे   तब कैसे पराभव हुआ मेरा

धनुष था किन्तु उसकी प्रत्यंचा तक न चढ़ा सका मैं   भुजाओं में जो बल था मुझसे हर लिया गया   सारे बाण व्यर्थ हो चुके मेरे   तूणीर में कोई सायक नहीं   अपने किसी मंत्रपूत अस्त्र का आवाहन नहीं कर सकता मैं   नष्ट हुआ मेरा पौरुष   निर्मूल हुआ वंश

कौन से महापातक हुए मुझसे   किसी अपकार्य अधर्म को रोक न सका मैं

कैसे अश्रुतपूर्व महारोग फैलते हैं यह   जो किसी स्मृति किसी संहिता में नहीं वह अपराध होते हैं   माता–पिता पुत्र–पुत्री भ्रातृ–भगिनी पति–पत्नी परस्पर हत्याएँ करते हैं   नर–मेध नर–मांस से कोई घृणा नहीं करता

मरीचिकाओं में दीखती है अट्टालिकाओं स्वर्णगिरियों पण्यशालाओं कल्पवृक्षों क्रीडास्थलों अप्सराओं की मयनगरी अमरावती जिसकी दिशा में दौड़ते हैं रजतमुद्राएँ लिए नर–नारी जो कभी लौटते दिखाई नहीं देते

दुराचरण और अन्याय की कोई सीमाएँ नहीं जानते सुधर्मा–सभा में स्थापित राजवंश अमात्य दंडाधिकारी

सत्पुरुषों पूर्वजों तपस्वियों हुतात्माओं से द्वेष परिहास और उनकी निंदा करते हैं पतित जन आराध्यों अवतारों सदाचार्यों का तिरस्कार होता है   धूर्त पाखंडी और वधिक ऋषि बने हुए हैं आश्रमों गुरुकुलों में जहाँ हत्याएँ होती हैं

बालक विकलांग विकल मस्तिष्क होकर नाचते गाते अट्टहास करते हैं   शस्त्रास्त्र लेकर वे वीभत्स आकृतियाँ उकेरते हैं   परस्पर

आक्रमण करते हैं   कृत्रिम नगर बसाकर युद्ध करते हुए उन्हें वे नष्ट कर देते हैं

देवताओं की मूर्तियाँ काँपती अट्टहास करती रक्त उगलती खिन्न और ध्वस्त होती हैं पूजागृह धूलि में समा जाते हैं

जब मंत्रोच्चार और जप किए जाते हैं तो ऐसा प्रतीत होता है कि अज्ञात भाषा बोलते हुए बर्बर आक्रमण कर रहे हों किन्तु कोई दिखाई नहीं देता

किन्हीं दूसरे लोकों से आए दानवों जैसे प्राणी धन आभूषण छत्र कवच ध्वजा सहित नगरवासियों का भक्षण करते हैं

जब पूजा–अर्चना के वाद्य बजाए जाते हैं तो सूने घरों से घोर स्वर उठते हैं

जलते हुए खंडहर दिखाई देते हैं जिनसे दीन–हीनों–अनाथों का विलाप सुनाई देता है

पुरातन यम और शाश्वत मृत्यु के स्थान पर कौन सा नया यम कैसी नूतन मृत्यु है यह जो न स्वर्ग ले जाते हैं न रौरव

स्वप्नों में देखते हैं गृहस्थ एक विकराल कृत्या जो अपने अस्थियों जैसे उजले दाँत दिखाती हँसती हुई आई है और स्त्रियों के आभूषण लूटती सारे नगर में दौड़ रही है

अपना काला और पीला सर मुँडाए हुए काल प्रतिदिन नगर के मार्गों पर चक्कर लगाता है भवनों प्रासादों अट्टालिकाओं उपवनों निवासियों नृपतियों को देर तक खड़ा खड़ा देखता   रहता है   कभी दीखता है   कभी अदृश्य हो जाता है

फिर एक अट्टहास जो ब्रह्मांड के अन्त तक गूँजता जाता लगता है

असह्य

दुनिया भर के तमाम प्यारे औरतो आदमियो और बच्चो
मेरे अपने लोगो
सारे संगीतो महान कलाओ विज्ञानो
बड़ी चीज़ें सोच कह रच रहे समस्त सर्जको
अब तक के सारे संघर्षो जय-पराजयो
प्यारे प्राणियो चरिन्दो परिंदो
ओ प्रकृति
सूर्य चन्द्र नक्षत्रों सहित पूरे ब्रह्मांड
हे समय हे युग हे काल
अन्याय से लड़ते शर्मिंदा करते हुए निर्भय (मुझे कहने दो) साथियो
तुम सब ने मेरे जी को बहुत भर दिया है भाई
अब यह पारावार मुझसे बर्दाश्त नहीं होता
मुझे क्षमा करो
लेकिन आख़िर क्या मैं थोड़े से चैन किंचित् शान्ति का भी हक़दार नहीं ?

तभी

सृष्टि के सारे प्राणियों का
अब तक का सारा दु:ख
कितना होता होगा यह मैं
अपने वास्तविक और काल्पनिक दुखों से
थोड़ा-बहुत जानता लगता हूँ

और उन पर हुआ सारा अन्याय?
उसका निहायत नाकाफ़ी पैमाना
वे अन्याय हैं जो
मुझे लगता है मेरे साथ हुए
या कहा जाता है मैंने किए

कितने करोड़ों गुना वे दु:ख और अन्याय
हर पल बढ़ते ही हुए
उन्हें महसूस करने का भरम
और ख़ुशफ़हमी पाले हुए
यह मस्तिष्क
आख़िर कितना ज़िन्दा रहता है

कोशिश करता हूँ कि
अन्त तक उन्हें भूल न पाऊँ
मेरे बाद उन्हें महसूस करने का

गुमान करनेवाला एक कम तो हो जाएगा
फिर भी वे मिटेंगे नहीं
इसीलिए अपने से ही कहता हूँ
तब तक भी कुछ करता तो रह

संकल्प

सूअरों के सामने उसने बिखेरा सोना
गर्दभों के आगे परोसे पुरोडाश सहित छप्पन व्यंजन
चटाया श्वानों को हविष्य का दोना
कौओं उलूकों को वह अपूप देता था अपनी हथेली पर
उसने मधुपर्क-चषक भर-भर कर
किया शवभक्षियों का रसरंजन

सभी बहरूपिये थे सो उसने भी वही किया तय
जन्मान्धों के समक्ष करता वह मूक अभिनय
बधिरों की सभा में वह प्राय: गाता विभास
पंगुओं के सम्मुख बहुत नाचा वह सविनय
किए जिह्वाहीन विकलमस्तिष्कों को संकेत-भाषा सिखाने के प्रयास
केंचुओं से करवाया उसने सूर्य-नमस्कार का अभ्यास
वृहन्नलाओं में बाँटा शुद्ध शिलाजीत ला-लाकर
रोया वह जन-अरण्यों में जाकर

स्वयं को देखा जब भी उसने किए ऐसे जतन
उसे ही मुँह चिढ़ाता था उसका दर्पन
अन्दर झाँकने के लिए तब उसने झुका ली गर्दन
वहाँ कृतसंकल्प खड़े थे कुछ व्यग्र निर्मम जन

उसाँस

कभी कभी
जब उसे मालूम नहीं रहता कि
कोई उसे सुन रहा है
तो वह हौले से उसाँस में सिर्फ़
हे भगवन हे भगवन या ओ गॉड ओ गॉड कहती है

वह नास्तिक नहीं लेकिन
तब वह ईश्वर को नहीं पुकार रही होती
उसके उस कहने में कोई शिकवा नहीं होता

ज़िन्दगी भर उसके साथ जो हुआ
उसने जो सहा
ये दुहराए गए चार शब्द फ़क़त उसका खुलासा हैं

पर्याप्त

जिस तरह उम्मीद से ज़्यादा मिल जाने के बाद
माँगनेवाले को चिन्ता नहीं रहती
कि वह कहाँ खाएगा या कब
या उसे भूख लगी भी है या नहीं
वही आलम उसका है
काफ़ी दे दिया जा चुका है उसके कटोरे में
कहीं भी कभी भी बैठकर खा लेगा जितना मन होगा
जल्दी क्या है
बच जाएगा या खाया नहीं जाएगा
तो दूसरे तो हैं
और नहीं तो वही प्राणी
जो दूर बैठे उम्मीद से देख रहे हैं

और नाज़ मैं किस पर करूँ

बुजुर्गों के नाम पूछने का चलन अब जाता रहा

पहले कहीं भी जाओ
टिक्कू के यहाँ कटिंग कटाने
गफूर टेलर के पास कमीज़ सिलवाने
मोतीलाल सेठ की दुकान पर सौदा लेने
जमना की चक्की पर आटा पिसवाने
राशन से गेहूँ–चावल–शक्कर लेने
नाजिम के टाल पर लकड़ी–फर्रे तुलवाने
गुप्ता या वर्मा बुक डिपो से कोई किताब–कापी खरीदने
बाबूलाल पेंटर की पान की गुमटी के सामने
या सिवनी पिपरिया नागपुर की किसी गाड़ी में बैठने
या यूँ ही किसी दोस्त के यहाँ भी
तो बस्ती का कोई न कोई ऐसा बड़ा मिल जाता था
जो पूछ ही लेता था किसके लड़के हो

तुम उस अटपटाहट से पिता का नाम बतलाते थे
जो उनका नाम लेते या लिखते वक़्त अब तक नहीं गई है

फिर वह कहता अच्छा तो सुन्दर के बेटे हो
और खेल स्कूल या कालेज में उनकी बड़ाई करता पूछता
अपने बाप पर गए हो या नहीं

क्लास में कौन सा नम्बर आते हो
सुन्दर तो हाईस्कूल तक कभी सेकंड नहीं आया

अजीब लगता कि तुम्हारे पिता कभी छोटे भी थे
और स्कूल जाते थे और खेलते भी थे
और कुछ लोग ऐसे भी हैं जो उनके बारे में
सुन्दर ऐसा था सुन्दर यह करता था वह करता था
सरीखे लहजे में बात कर सकते हैं
फिर उनके पैर छूना पड़ता था
और वे और आशीर्वाद देते थे
लेकिन कहते थे
अब तुम्हारा बाप किसी से मेल-जोल क्यों नहीं रखता बेटे

तुम्हें यह सब बहुत अच्छा भी लगता था
तब तक माँ नहीं रही थीं
सो तुम अपनी बुआओं से बतलाते थे
और वे उदास कुँआरे गर्व से भरी एक सुदूर मुस्कान के साथ
अपने भाई तुम्हारे पिता के अतीत में खो जातीं
एकाध और अनजानी बात बतलाती हुईं

कभी कोई बुज़ुर्ग पकड़ लेते तो इसी खानदानी जिरह के बाद
देर तक देखते रहते और कहते
अच्छा तो मुरलीधर नाज़िर के पोते हो
अरे वाह अरे वाह
तुमने तो नहीं देखा होगा बेटे अपने आजा को
सारा शहर अब भी याद करता है उनको

रमेश सुरेश सुरेन्द्र निर्मल संतोष प्रमोद प्रेमकुमार हरिशंकर इंद्रवीर
बरकत विष्णु
शेख नूर अशफाक हुसैन शेख इसहाक़ फ्रांसिस अलेक्सेंडर

यह सिर्फ़ हमारे आपसी रजिस्टरी नाम थे
वरना तो दरअसल हम किसी के बेटे थे या नाती थे या पोते थे
जो महज़ अपने शज़रे से जाने जाते थे
कम से कम तीन पीढ़ियों के नाम याद रखना फ़ख़्र की बात समझी जाती थी
फिर दूसरे असली और मुँहबोले रिश्तों की एक अलग फ़ेहरिस्त थी
बीस हज़ार की आबादी में हर कोई हर किसी का कुछ न कुछ लगता था

बरसों तक पिता या आजा को जाननेवाले
कभी न कभी मिलते रहे
पिपरिया जबलपुर बैतूल खंडवा इंदौर रायगढ़ अंबिकापुर में
एकाध तो दिल्ली तक में

आज किसी भी बच्चे किशोर युवक से उसके पिता या आजा का नाम
पूछते डरता हूँ
अव्वल तो इसलिए कि मुझमें अब तक बैठा हुआ है वह लड़का
जो कभी अपने पिता या आजा के नाम के लायक हो नहीं पाया
जबकि उनके इस्म भी अब कितने अजीब लगते हैं
दूसरे न जाने अपरिचित नौउम्र वह क्या सोचे या क्या सुनने को मिले उससे
कई वजहों से अब वल्दियत बताई नहीं जाती
आज फ़ख़्र कुछ और बातों पर किया जाता है
किसके पास कितना क्या है कौन किस-किस को जानता है
सब यही दरियाफ़्त करते हैं अब
और पलटकर कहीं उसने मुझसे कुछ पूछ लिया
तो बताने को मेरे पास वैसा कुछ भी नहीं है

इत्तिफ़ाक़न

मूलतः दीया इसलिए जलता होगा
कि अपनी रोशनी में—
वह निष्कंप लौ हो या ज़र्द या आख़िरी भभक—
खुद कमोबेश अपना आसपास देख सके

यह कि उसके वैसे उजाले में
दूसरे भी देख सकते होंगे
इसमें शायद उसकी दिलचस्पी न रहती हो

यही क्या कम है
कि वह जान भी जाए
कि उसके उतने नूर का
लोग भी थोड़ा-बहुत इस्तेमाल कर लेते होंगे
तो भी तेज़तर जलकर
वह खुद को बुझा नहीं सकता—
अपने को फूँकने की भी एक गति होती है

और यूँ भी एक चिराग़ का उजाला आख़िर टिकता ही कितना है
और जाता भी होगा तो भला कितनी दूर

सरोज-स्मृति

वे मिले संयोग से उस सँकरी अदृश्य-सी गली के बीच
जो अब भी पाटनी सिनेमा तिराहे को जोड़ती है
छोटे राममन्दिर वाले बुधवारी के ढलान से

किशोरी वह वही काम कर रही थी
जो उसकी माँ देउकी और बाप लक्खू गोंड करते थे
सिर या काँवड़ पर मीठे कुओं से
घरों में पीने का पानी भरने का

कनकछरी जैसी अब वह
उसका चेहरा और गर्दन काँपते थे हल्के-हल्के
चुम्हरी पर रखी भरी गगरी के छलकने से
किसी नर्तकी या गुड़िया सरीखे
हाँ में या ना में समझना मुश्किल था

पहचान लेने पर जो कुछ भी आँखों में आ जाता है
उससे उसने पूछा
कहाँ चला गया तू

पिपरिया और बैतूल तो वह जानती थी
खंडवा उसके लिए नया था
बहुत दूर होगा

इतना तो नहीं मगर आमला से दूसरी गाड़ी लेनी पड़ती है

तो तू नौकरी नहीं करता कालेज जाता है
हम तो अब धोबियों के मोहल्ले में चले गए
हौले से हाँफते हुए उसने बताया

कभी ये लोग उसके यहाँ पाँच रुपए किराए से रहते थे
और वह पढ़ाने के बहाने उसे सरोता कहकर चिढ़ाता था

सिर पर कँसेड़ी रखे
जो हर बोल पर उसके माथे आँखों और पोलके तक छलक आती थी
उसे और उस लड़के को
अब चौराहे के नुक्कड़ों के पानवालों
और बनारसी होटल के गाहक
कुछ अजीब निगाहों से देखने लगे थे
कब तक इस तरह दोपहर बारह बजे बजार के पास बात करते

उसके मन में आया
कि चुम्हरी समेत उसकी गागर अपने सिर पर रख ले
और उसके साथ बरौआ बनकर उस घर तक चला जाए
जहाँ उसे यह पानी भरना था
लेकिन उससे तमाशा खड़ा हो जाता

आना उसने कहा था बऊ दद्दा अब भी तेरे को याद करते हैं
हाँ के सिवा वह और क्या जवाब देता

अपने पुराने घर की तरफ़
जिसमें अब कोई नहीं रहता था
और जिस पर किसी और का ताला लगा था
कुछ क़दम बढ़ाकर वह पलटा

दूसरे छोर पर वह भी थम गई थी
उसे अपना सारा बदन घुमाना पड़ा था पीछे देखने के लिए
उसका मूरत-सरीखा चेहरा दुगना दमकता था कड़ी धूप में
दिया का तमतमाता रूप
उसकी मुस्कान की चमक और ललाई उतनी दूर से भी झलकीं

दोनों को जाना ही था अपनी अपनी दिशा में

दुबारा वे कभी नहीं मिले

फिर भी इन पचपन बरसों में
वह अब भी वहाँ न खड़ी है न ओझल होती है
उसका गगरीवाला ललाट धीरे-धीरे हिलता जैसे चिढ़ाता बरजता या हाँ
कहता हुआ
वह भी वहीं ठिठका हुआ है अब भी उसे देख सकता हुआ
जबकि उसका वह पुराना घर बुलाता रहा है
एक बार फिर सामने से गुज़र जाने को

सर्पसत्र

जिस परम्परा में
एक महादेवता के कंठ पर लिपटा रहता हो विषधर
और दूसरे की शय्या ही हो एक महानाग
जिसके फण पर टिकी रहती हो धरित्री
जिसमें पूजे जाते हों सर्प
उन्हें दुग्धानुपान करवाया जाता हो
वहाँ कोई अकारण क्यों शत्रुता करेगा भुजंगों से

हाँ यदि कोई कद्रू
अपनी भगिनी-सपत्नी को ही दासी बनाए रखने
और मानवता को हलाहल से आतंकित और निष्प्राण करने के लिए
सहस्त्रों नाग-पुत्रों को जन्म दे उन्हें प्रेरित प्रशिक्षित करे
तो वह चुनौती खड़ी होगी
जो विनतानंदन गरुड़ के समक्ष प्रस्तुत हुई थी

अपनी ही सौत-बहन की बाँदी थी विनता
तब भी अपने कुत्सित पुत्रों की सहायता से
कद्रू ने उसे और धोखा देना चाहा

नाग न केवल डस रहे थे अन्य प्राणियों को
अपितु स्वर्ग से अमृत पीकर अमर होना चाहते थे
किन्तु पक्षिराज ने पराभव किया स्वर्ग में ही देवेन्द्र का

फिर नष्ट किया नागवंश को
और अपनी माता और मानव को
पन्नगों के भय और दास्य से मुक्त किया

सुदीर्घ और जटिल होते हैं ऐसे आख्यान
सारांश यह कि उसके पश्चात्
जनमेजय का सर्पयज्ञ भी निर्विघ्न सम्पन्न हुआ
अग्नि में गिरते गए हर प्रकार के उरग
वातावरण में व्याप्त हुए उनके चीत्कार और चिरायंध

महाभाग वैनतेय के नभचर वंशज
बने तब से अहिकुल के शाश्वत शत्रु
अज्ञात है कि उनमें कब और कैसे आ जुड़े
नकुल जैसे थलचर प्राणी भी
जिन्हें अब फणिधरों की किंवदन्तियों से भय नहीं लगता
कभी-कभी वे करालतम महानागों को
अपना आखेट बना लेते हैं
मुक्ति के किसी अभियान में उन्हें अपने नखों में जकड़कर
आकाश या धरती के किन्हीं अदृष्ट ठिकानों से
उन पर छापा मारते हुए झपटते हुए

इसीलिए नाग बचते भागते रहे हैं खगेन्द्र के उत्तराधिकारियों से
मार्ग देते रहे हैं भूमिगत नकुलों
और अन्य सर्पाहारियों को
जब तक कोई आत्महंता प्रलोभन या विवशता ही न आन पड़े
कि अनचाहे उन्हें करना पड़े कोई अभिशप्त आक्रमण
अन्यथा सदा से जानते आए हैं वे
कि गरुड़ के वंशजों और सुहृदों पर
असम्भव है विषधरों की विजय

बजाए-ग़ज़ल

(शमशेर से मुतास्सिर एक ज़ाती हिमाक़त)

जो न झेले हरेक वार सीने पर
हज़ार लानतें हों ऐसे जीने पर

दिले-मजलूम को रफ़ू न कर पाए
वो क्या फ़ख़्र करे अपने ज़ख़्म सीने पर

नहातीं मजदूरनें पखारें एड़ियाँ जिससे
वो ठीकरा भारी है हर नगीने पर

हर कोई निराला हो नहीं जाता
लाख कड़ी मारें पड़ें सीने पर

ताउम्र पोंछती रही है अपने पल्लू से
तमाम शाइरी कुर्बान उस पसीने पर

कहीं मुझसे उनका बदन न छिल जाए
दीवार से सट के वो यूँ चढ़ते हैं जीने पर

हमें गाड़ी बदलनी थी बीना में
चढ़ी हुई थी उतर पड़े बबीने पर

निकलने हैं जिससे झूठे बुतो-फ़तवे
क्यों हो ग़ारत उस ख़ूनी दफ़ीने पर

नाख़ुदाओ बाज़ आओ तकरारो-बग़ावत से
टूटा चाहते हैं बर्क़ो-तूफ़ाँ इस सफ़ीने पर

जो भूखों-बेघरों से उनके हक़ छीने
कभी रहम न हो उस निज़ामे-कमीने पर

बदन से उसके गमकता है जो अब तक
मैं रहा मस्त उसी इत्र भीने-भीने पर

कहीं से किसी मुआवज़े की उम्मीद नहीं
ढूँढता हूँ नया पठान हर महीने पर

ताबीर

इसके आगे कुछ और नहीं कहना चाहूँगा

बस यह तसव्वुर किया था
कि पता नहीं क्यूँकर हम साथ बैठ सके हैं किसी जगह
जो मेरे लिए पुरआसाइश है
और हैरत यह कि दूर तक कोई और नहीं था

मैंने नाहक़ उसका हाथ अपने हाथ में ले लिया होगा
वह उसे छुड़ा नहीं रही थी यही क्या कम था
हम कुछ बोल भी नहीं रहे होंगे
मुझमें एक जगमगाता नक्षत्र रख देने के लिए
मैं उसका कितना एहसानमन्द रहूँगा क्या बताता उसे
मेरे मन में जो रहा होगा उससे मैं रुँध चुका हूँ
जो मेरी आँखों में थे काश वे फ़क़त आँसू होते

किस बिलकुल सही लम्हे पर वह हौले से हाथ अलग कर
फिर वह कब लौट गई
उस अपने दावेदार अविभक्त महापरिवार में
जहाँ उसकी कितनी दरकार और प्रतीक्षा रहती होगी
कोई जान नहीं पाएगा

लगता है मैं वहाँ देर तक वैसा ही बैठा रहा फिर चला भी आया
लेकिन वह मौजूद रही थी लिहाज़ा उधर अँधेरा न हुआ

पीछे मुड़ सकता तो पाता
किसी विग्रह की तरह वह अब भी वहीं सस्मित दिखती होगी
बड़ी आँखों में सरस करुणा सख्य संकल्प लिए
सिर्फ़ मेरे लिए ही नहीं
मुझसे कहीं परे देखती हुई

फाँक

वे चारों सामने के बड़े कमरे में बैठे हुए हैं
सामने टीवी चल रहा है लेकिन कोई देख नहीं रहा है
एक-साँस गप्पागोष्ठी हाहाहीही धौलधप्पा चाय कॉफ़ी
अचानक होम-डिलीवरी से खाने को कुछ स्पेशल
यूँ तो सभी ख़ुश हैं लेकिन माँ सबसे ज़्यादा बौराई हुई है
और उनकी हम- या कमउम्र सहेली बनी हुई है
कभी-कभी वह भी उनमें बिनबुलाए शामिल हुआ है
लेकिन उसने पाया है कि उसके पहुँचने के औसतन बीस मिनट बाद
यह शीराज़ा बिखरने लगता है
धीरे-धीरे सबको कोई न कोई काम याद आने लगते हैं
और वे तितर-बितर होने लगते हैं
उसे वहीं चलते खाना ख़ज़ाना के सामने छोड़कर
और फर्श पर अब तक सुकून से सोया हुआ उसका कुत्ता जागकर
हैरानी से कमरे को देखता है और कुछ नाराज़गी से उसे
इसलिए अब उसने अपनी एकतरफ़ा शिरकत बन्द कर दी है
और अपनी कोठरी में बन्द सब कुछ सुनता हुआ
काम करने की कोशिश करता रहता है
यही बहुत है कि बीच-बीच में उससे पूछ लिया जाए
हम लोग चाय बना रहे हैं तुम भी पिओगे क्या
या फिर
बच्चों ने इतना अच्छा पित्ज़ा मँगवाया है
तुम भी यह एक स्लाइस खाकर देखो
यहाँ दिन भर सूमड़े जैसे पड़े रहते हो

हसरत

नॉवेल हों कहानियाँ हों
दीगर मसले हों
अच्छी किताबों को फ़ौरन पूरा पढ़ पाना
इसलिए भी मुश्किल है
कि हम उन्हें खोलते हैं
कुछ दूर तक जाते भी हैं उनमें
तो बाज़ औकात ऐसी कैफ़ियत दरपेश होती है
कि रुककर वर्क़ों से परे देखने लगते हैं
या उन्हें बन्द करना तक भूल
उफ़क़ में तकते रहते हैं
और दीये-बाती की बेला हो चुकी होती है

कहाँ-कहाँ तक ले जाती हैं ऐसी किताबें
महज़ क़िस्से और शाइरी ही नहीं
जाने क्या तारी कर देती हैं वे
किन वक़्तों किन दुनियाओं किन सवालों में
हमारे जीवन से पहले की ज़िन्दगियों
हमारी मौत के बाद के जन्मों में
हमारे कितने भीतर और हमसे कितनी दूर ले जाती हैं
कभी-कभी समझना तकरीबन नामुमकिन

और अगर नेकबख़्ती और बदकिस्मती से